Von Fam. Röhm / Hanne und Mona

Freche Frauen feiern Weihnachten

PIPER

Zu diesem Buch

Weihnachten – das Fest der Ruhe und Besinnlichkeit? Freche Frauen wollen mehr! Freche Frauen verzichten selbst an Heiligabend nicht auf Partys, (Weihnachts-)Männer und Champagnerprickeln. Aber auch Plätzchenduft und Romantik unterm Christbaum dürfen nicht zu kurz kommen. Freche Frauen geben alles – und machen keine halben Sachen. Niemand kann sich ihrem Charme entziehen: Gaby Hauptmann, Sibel Susann Teoman, Jana Sonntag und andere Erfolgsautorinnen erzählen in diesem ungewöhnlichen Weihnachtsbuch Charmantes, Witziges und Vergnügliches.

Nicola Sternfeld, geboren 1971 in München, liebt Weihnachten, seit sie denken kann, und wenn es nach ihr ginge, würde die Adventszeit schon direkt nach Ostern beginnen. Wenn sie nicht Plätzchen bäckt und Glühwein trinkt, arbeitet sie als Lektorin und Herausgeberin erfolgreicher Anthologien.

Freche Frauen feiern Weihnachten

Starke Geschichten

Herausgegeben von
Nicola Sternfeld

Piper München Zürich

Mehr über unsere Autoren und Bücher:
www.piper.de

Von Nicola Sternfeld herausgegeben, liegen bei Piper vor:
Ein Vampir zum Küssen
Freche Frauen feiern Weihnachten

Originalausgabe
Oktober 2008 (TB 6285)
November 2010

Umschlagkonzept: semper smile, München
Umschlaggestaltung: Cornelia Niere, München
Umschlagabbildung: Anja Weber-Decker / plainpicture
Satz: Kösel, Krugzell
Papier: Munken Print von Arctic Paper Munkedals AB, Schweden
Druck und Bindung: CPI – Clausen & Bosse, Leck
Printed in Germany ISBN 978-3-492-25972-9

Inhalt

Sibel Susann Teoman

Das perfekte Weihnachtsfest

Nora seufzte und kaute gedankenverloren an ihrem Bleistift.

Dies sollte das perfekte Weihnachtsfest werden, dazu war sie fest entschlossen. Sie würde ihrer militanten Schwiegermutter, die stets an allem etwas auszusetzen hatte, beweisen, dass sie eine gute Mutter und hervorragende Gastgeberin war.

Sie und Lukas waren schon seit elf Jahren zusammen und seit neun Jahren verheiratet. Und seit sie verheiratet waren, hatten sie jedes Jahr Weihnachten bei seinen Eltern gefeiert, ein entsetzlich steifes, formelles, perfekt arrangiertes Weihnachten war es jedes Mal gewesen, das Nora halb in den Wahnsinn getrieben hatte. Sie schüttelte sich. Vor allem, seit sie selbst Mutter war, war Weihnachten bei den Engelhards immer mit großem Stress für sie einhergegangen.

»Bitte sitzt still, nicht das antike Tischtuch als Serviette benutzen, bitte nicht während des Essens in der Nase bohren, und sagt Bescheid, wenn ihr mal aufs Klo müsst, bitte nicht AA hinter Omas Vorhang machen, das mag sie nämlich gar nicht so gern, malt auch ihre Seidentapete im Korridor nicht mit euren Filzschreibern an, und wo wir schon mal dabei sind: wenn ihr das nächste Mal Bowling spielen wollt, dann aber nicht mit den Weinen von achtzehnhundertdreiundneunzig, okay?«

Sie und Lukas waren es, die ständig ihren vier Kindern hinterherrannten und verzweifelt versuchten, das furchtbar teure Haus seiner Eltern, in dem überall antiker oder wertvoller Krimskrams herumstand, vor den unschuldigen Sabotageakten ihrer Sprösslinge zu schützen.

Dass sie Weihnachten bei ihnen feierten, hatte vor allem einen Grund: Noras Eltern lebten nicht mehr, sie waren gestorben, als Nora gerade zwanzig war. Mutterseelenallein hatte sie sich damals um den Verkauf des Hauses und die Beerdigung gekümmert, sie hatte gelernt, Rechnungen zu bezahlen und was es hieß, am Monatsende mit nichts in den Taschen dazustehen. Das Haus war hoch verschuldet gewesen, und Nora konnte froh sein, dass sie nach der Erledigung aller Formalitäten noch ein wenig Geld erhielt. In dieser fürchterlichen Phase, in der sie sich einsamer als je zuvor in ihrem Leben gefühlt hatte, hatte sie es trotzdem noch geschafft, ihr Abitur zu machen, sodass sie im Jahr darauf ihr Studium aufnehmen konnte.

Schon im ersten Semester hatte sie Lukas kennengelernt und sich Hals über Kopf in ihn verliebt. Auch Lukas war ein Einzelkind und hatte außer seinen Eltern keine weiteren Verwandten. All dies war Grund genug für beide, sich nach ihrer Hochzeit eine große, lärmende, glückliche Familie zu wünschen.

Nora lächelte gedankenverloren. Für die meisten Frauen begann der Stress mit der Schwiegermutter in spe entweder kurz vor der Hochzeit, wenn der Bräutigam den Eltern seine Absichten mitteilte, oder unmittelbar danach oder spätestens, wenn das erste Enkelkind geboren war. Zu Beginn war Nora fest entschlossen gewesen, in ihrer Schwiegermutter eine neue Mutter zu finden und sie zu mögen, ganz gleich, was komme.

Dies sollte sich schnell als fataler Fehler erweisen.

Alles hatte an ihrem ersten, gemeinsamen Weihnachtsfest begonnen.

Sie und Lukas waren seit genau elf Monaten zusammen, noch immer verliebt wie am ersten Tag und so glücklich, dass ihre Mitbewohnerin Inka die Augen verdrehte, wenn sie Zeugin wurde, wie die beiden sich vor der Haustür voneinander verabschiedeten.

»Ich habe ein Geschenk für dich«, flüsterte Lukas eines Abends, als sie vor ihrer Tür standen, und überreichte ihr eine kleine, rote Samtschatulle.

Nora fröstelte, es war Ende November, und ein eisiger Wind fegte durch die Straßen, die um diese späte Zeit still und verwaist dalagen.

»Was ist das?« Neugierig drehte sie das hübsche Schächtelchen in ihren Händen.

»Mach's doch einfach auf«, forderte Lukas sie auf.

Sie zog an der roten Taftschleife und öffnete die Schatulle.

»Ist das etwa …?«

Sein Lächeln wurde breiter. »Ja, das ist der Schlüssel zu meiner Wohnung.« Mehr sagte er nicht, aber das musste er auch nicht. Nora kannte ihren Freund gut genug, um zu wissen, dass dies ein Zeichen dafür war, dass er es ernst mit ihr meinte und sich eine dauerhafte Beziehung wünschte.

»Ich dachte, so kannst du kommen und gehen, wie und wann du möchtest, und wenn dir das so gefällt, dann überlegst du dir hoffentlich, ob du vielleicht bei mir wohnen möchtest.« Mehr konnte er nicht mehr sagen, weil Nora ihm seinen Mund mit einem stürmischen Kuss versiegelt hatte. Sie fand Lukas phantastisch! Er war groß, blond, schlank und charmant, kleidete sich gut und studierte Wirtschaftsingenieurswesen.

Aber vor allem vergötterte er Nora, die bis über beide Ohren in ihn verliebt war.

In diesem Moment berührte etwas Kaltes ihre Nase, und sie blickten gleichzeitig in den mit grauen Wolken verhangenen, samtschwarzen Nachthimmel.

»Es schneit!«, jubelte sie glücklich.

»Ja, sieht so aus, als würden wir weiße Weihnachten bekommen.« Lukas lachte. »Wenn das mal kein gutes Omen für unsere Zukunft ist!«

Oh Mann. Hatte der sich vielleicht geirrt!

In den nächsten Wochen benutzte Nora den Schlüssel zu Lukas' Wohnung, so oft sie konnte. Erstens war seine Wohnung schöner und größer, und zweitens, verglichen mit ihrer spartanisch eingerichteten Dachkammer, in der es im Herbst und im Frühjahr von der Decke tropfte und in der sie und Inka im Winter froren, dafür im Sommer aber schwitzten wie die Finnen in der Sauna, war sein Domizil ein Paradies. Es war eine helle, freundliche Altbauwohnung, die aufwendig restauriert worden war und Luxus und einen sehr exklusiven Geschmack verriet. Während ihre eigene Bleibe nur zwei winzige Zimmer, eine kleine Küchenzeile im Wohnzimmer und ein so kleines Bad hatte, dass für eine Duschwanne kein Platz mehr war, verfügte Lukas ganz allein über ein riesiges Schlafzimmer, ein Arbeitszimmer, ein Wohnzimmer, ein Gäste-WC und ein großes Bad. Außerdem hatte er einen Balkon, der sogar mit Blumen und kleinen Bäumchen bepflanzt war und seine Unterkunft lag auch noch unmittelbar in Uninähe.

Sie hatte damals gedacht, dass er mit der Wohnungssuche wohl unglaubliches Glück gehabt hatte, aber wie sich später herausstellte, hatten seine Eltern ihrem Sohn eine standesgemäße Unterkunft gekauft und nicht etwa gemietet.

Lukas, der sich immer freute, wenn er die Tür aufschloss und verheißungsvolle Düfte aus der Küche verrieten, dass Nora da war, mochte es nicht, wenn ihn jemand auf das Vermögen seiner Eltern ansprach. Er hatte dann immer den Eindruck, auf eine Zahl auf Papas Bankkonto reduziert zu werden. Geld war nicht alles, fand er. Eine Frau wie Nora konnte man für kein Geld der Welt bekommen, und er schätze sich glücklich, sie an seiner Seite zu haben. Warum also sollte er ihr erzählen, dass seine Eltern über ein paar Millionen Euro verfügten?

Alles war so perfekt, wie es im Moment war. Nora überraschte Lukas in seiner Wohnung mit heißem Tee und noch heißeren Dessous, schmackhaften Gerichten oder anregenden Gesprächen.

So zogen die Tage dahin, und Nora fühlte sich in seiner Wohnung schon beinahe zu Hause. An diesem Abend hatte sie zum ersten Mal ein Hähnchen Provençale gekocht, und es schmeckte gar nicht mal so schlecht, wie sie fand. Während sie es sich auf der Couch bequem machte, räumte Lukas das Geschirr ab und zündete ein paar Kerzen an. Draußen war es inzwischen eiskalt, der Dezember machte genauso weiter, wie er begonnen hatte, mit klirrendem Frost und rekordverdächtigen Minusgraden sorgte er dafür, dass die Menschen sich in die schützende Obhut ihrer Häuser und Wohnungen zurückzogen. Es war erst acht Uhr, aber draußen war es schon so tiefdunkel, als wäre es Mitternacht. Nora fror, sodass Lukas ihr eine Wolldecke aus dem Schlafzimmer holte und sie ihr um die Schultern legte, bevor er ihr ein Glas Eierpunsch in die Hand drückte und sich neben ihr niederließ.

»Kaum zu glauben, dass bald Weihnachten ist, oder?«, fragte sie, während sie sich an Lukas' Arm kuschelte. Wie machte er es nur, dass er immer so herrlich warm war, während sie ständig fror? Lukas war die reinste Dauerbatterie, wann immer sie sich an ihn schmiegte, schaffte er es, ihre eisigen Füße wieder aufzutauen.

Lukas nickte. »Das Jahr ist ziemlich schnell vergangen.«

Nora wärmte sich allmählich auf und legte die Wange auf seine Schulter. »Wir hatten immer ein schönes Weihnachtsfest, als ich noch klein war, weißt du«, fuhr sie fort. »Am Weihnachtsmorgen haben Papa und ich den Tannenbaum geschmückt und dabei Plätzchen genascht und albern gelacht und gekichert, und Mama hat die Weihnachtsgans zubereitet, sie hatte eine besondere Füllung aus Maronen, Walnüssen, Honig und Gewürzen, die ihr keiner nachmachen konnte und die sie außer mir nie einer anderen Person verraten hat. Es ist ein uraltes Familienrezept, sagte sie immer, und dürfe nur von einer Generation an die nächste weitergegeben werden und die Familie nie verlassen.« Nora schluckte tapfer den Kloß in ihrem Hals herunter, als sie an die vergangenen Jahre dachte.

Lukas, der wusste, wie sehr Nora an ihren Eltern gehangen hatte und wie einsam sie sich an Festtagen wie Heiligabend fühlte, wollte sie ablenken und meinte schnell: »Wie wäre es, wenn du dieses Jahr mit mir und meiner Familie Weihnachten feierst?«

Nora setzte sich auf. »Meinst du das im Ernst?«

Lukas nickte. »Ja, warum nicht?«

Nora strahlte. »Ja, das würde ich liebend gerne tun!«

In diesem Moment schrillte das Telefon, Lukas stand auf, und mit einem Mal fühlte sie sich ihrer Wärmequelle beraubt und zog fröstelnd die Schultern hoch.

»Hallo Mutter!«, hörte sie Lukas sagen.

Hier hätte Nora auf jeden Fall stutzig werden müssen, und wenn sie nicht so entsetzlich verliebt gewesen wäre, dann wäre sie zumindest hellhörig geworden. Wer nennt seine Mutter im zwanzigsten Jahrhundert bitte noch »Mutter«?

Lukas lächelte ihr aufmunternd zu und fuhr fort: »Ja, das ist wirklich ein Zufall, stell dir vor, Nora und ich haben gerade von euch gesprochen! Ihr seid doch zu Weihnachten hier, oder?« Er pausierte einen Moment und lauschte seiner Mutter. Dann sagte er erfreut: »Ja, prima! Lasst uns hier in der Stadt feiern, wir können hier doch ebenso gut ausgehen wie zu Hause. Nora und ich kümmern uns um die Reservierungen. Wir freuen uns. Prima. Ja, grüß ihn bitte zurück. Bis bald!«

Er legte auf und setzte sich wieder neben sie. »Wir feiern Weihnachten anders, weißt du. Wir ziehen uns alle hübsch an und gehen irgendwo essen, wo's nett ist, und am ersten Weihnachtstag fahren wir in den Skiurlaub.«

»Ihr feiert Weihnachten nicht zu Hause?« Noras ohnehin schon große braune Augen wurden kugelrund.

Lukas lachte. »Nur dann, wenn Mutter beschließt, eine ihrer Partys zu geben, bei der alles perfekt laufen muss. Das kommt aber nur alle paar Jahre vor.«

»Wie schade.« Nora konnte nicht verhindern, dass in ihrer Stimme eine gewisse Enttäuschung mitschwang.

»Als ich noch jünger war, war das anders. Mama hat eine traumhafte Weihnachtsgans zubereiten lassen und …«

»Zubereiten *lassen*? Von wem denn?«, unterbrach sie ihn.

»Von der Köchin natürlich, aber den Weihnachtsbaum hat sie immer allein geschmückt, mit antikem Glas- und Porzellanschmuck, der schon seit Generationen im Familienbesitz ist. Was solche Dinge angeht, ist Mutter sehr eigen. Alles muss perfekt sein, wenn etwas nicht so läuft, wie sie es geplant hat, ist sie den gesamten Abend über unglücklich. Deshalb feiern Vater und ich Weihnachten lieber auswärts, das ist weniger anstrengend.«

Hier beging Nora einen großen Gedankenfehler. Als Lukas »anstrengend« sagte, dachte sie, dass die Weihnachtsvorbereitungen zu anstrengend für seine Mutter waren. Dabei hatte er eigentlich sich und seinen Vater gemeint, wie Nora Jahre später am eigenen Leib erfahren sollte.

»Ich finde, Weihnachten ist ein Familienfest und sollte zu Hause gefeiert werden, nicht in irgend so einem anonymen Restaurant.«

Lukas zuckte die Schultern. »Jede Familie hat ihre eigenen Traditionen.«

In dieser Nacht konnte Nora nicht schlafen. Unruhig wälzte sie sich von einer Seite auf die andere und dachte über das nach, was Lukas ihr erzählt hatte. Und kam zu einem Entschluss: sie würde Lukas und seine Eltern mit einem perfekten Weihnachtsfest hier in seiner Wohnung überraschen. Mit diesem Gedanken schlief sie beruhigt ein.

Am nächsten Morgen hatte Lukas, der in den Semesterferien in einem großen, internationalen Unternehmen arbeitete, die Wohnung verlassen, als es noch dunkel war. Es war der dreiundzwanzigste Dezember, und Nora, die von Lukas' Kuss in aller Frühe geweckt worden war, kuschelte sich noch einmal in seine weichen Daunenkissen und schlief weiter. Sie wiegte sich in dem Glauben, für ihre Vorbereitungen noch alle Zeit der Welt zu haben. Genüsslich trank sie ihren Kaffee, sprang unter die Dusche, zog sich warm an und verließ erst gegen zwölf die Wohnung, um einkaufen zu gehen. Sie suchte den nächsten Supermarkt auf und ging ihre Liste durch. Zu ihrer grenzenlosen Überraschung war es erstens brechend voll, und zweitens bekam sie nicht alle Zutaten; vor allem fehlten ihr Maronen und eine schöne, fette Gans.

»Warum nehmen Sie nicht einfach einen Truthahn?«, hatte der Verkäufer ihr geraten. Sie schüttelte den Kopf. Nein, wenn es ein perfektes Weihnachtsfest werden sollte, musste es eine Gans sein. »Dann viel Glück bei der Suche, so auf den letzten Drücker werden Sie da nicht viel Glück haben, Frollein.«

Nora gab so schnell nicht auf. Bei dem vierten Metzger wurde sie fündig. Die Gans war zwar nicht so fett, wie sie es sich erhofft hatte, aber es war immerhin eine waschechte Gans. Zufrieden mit ihren Einkäufen kehrte sie bei Einbruch der Dunkelheit in Lukas' Wohnung zurück. Klugerweise musste sie die Füllung und die Gans noch am selben Abend vorbereiten und in den Kühlschrank stellen, sonst wäre es am nächsten Morgen keine Überraschung mehr für Lukas gewesen. Sie würde schon zu verhindern wissen, dass er an den Kühlschrank ging.

Am Weihnachtsmorgen verabschiedete Lukas sich sofort nach dem Frühstück. Er habe noch einige Dinge zu erledigen und würde seine Eltern abholen. Sie solle sich nett anziehen, damit sie später hier zusammen etwas trinken und sich kennenlernen und danach essen gehen konnten. Noras Augen glitzerten vor Vorfreude, als sie aus dem Bett sprang, die Gans in den Ofen schob, die bei geringer Hitze und ständigem Übergießen mit der delikaten Sauce, in der sie schwamm, langsam butterweich werden sollte. Es war zehn Uhr, und sie war bester Laune. Sie saugte und wienerte die Wohnung so, dass das Bambusparkett im Wohnzimmer frisch strahlte, polierte das Besteck und erstarrte. Verdammt. Sie hatte überhaupt nicht an den Weihnachtsbaum gedacht! Was war Weihnachten ohne den passenden Baum? In Windeseile streifte sie sich Jacke und Stiefel über und stürzte auf die Straße. War da nicht neulich ein Weihnachtsbaumverkäufer unten an der Straße gewesen? Sie rannte so schnell, dass ihre Lungen brannten, als sie vor dem Händler hielt.

»Was darf's denn sein, junge Frau?« Der Mann hatte eine rote Nase, die vermutlich auf seinen erhöhten Alkoholkonsum zurückzuführen war, wie Nora anhand seines Schnapsatems vermutete. Sie rümpfte die Nase. Keine Zeit jetzt, zimperlich zu sein. »Ich will die Tanne da drüben.« Sie deutete auf einen herrlich dichten Baum in der Ecke.

»Tut mir leid, der ist schon reserviert.«

»Dann nehme ich den da.« Mit der behandschuhten Hand wies sie auf eine hübsche Nordmanntanne gleich neben ihr.

»Die wird auch gleich abgeholt. Ich weiß eigentlich gar nicht, ob ich überhaupt noch Bäume habe, wissen Sie.«

»Ich brauche aber einen Tannenbaum! Bitte, haben Sie wirklich keinen mehr?«, flehte sie.

Der Mann blickte sich prüfend um und verschwand, bevor er mit einem schiefen Etwas zurückkam, das aussah, als wäre es einem Autounfall zum Opfer gefallen.

»Was soll denn das sein?«, fragte sie verdattert.

»Eine Blautanne.«

»Sie wollen mich wohl verkohlen. Das war vielleicht eine Blautanne, als sie im letzten Jahr geschlagen wurde. Jetzt ist das nur noch Feuerholz«, schimpfte sie empört.

»Nimm's oder nicht, Kleine. Aber um diese Uhrzeit wirst du sonst nirgends mehr einen Baum finden, das garantiere ich dir.«

Sie hatte keine Zeit, sich mit dem Kerl auf eine Diskussion einzulassen, also zahlte sie einen Wucherpreis und zog den Baum durch den Schnee hinter sich her. Als sie an einem Dekoladen vorbeikam, fiel ihr schlagartig ein, dass sie auch noch Christbaumschmuck benötigte, also zerrte sie ihren Baum unter den entsetzten

Blicken der Verkäuferinnen mit in den Laden, weil sie fürchtete, jemand könnte ihn ihr stehlen, und kaufte rote und goldene Kugeln und Zapfen, Lametta und Kerzen ein. In ihrem Parka schwitzte sie wie ein Affe, während sie ihre Einkäufe in Lukas' Wohnung schaffte.

Einen Christbaumständer hatte Lukas natürlich auch nicht, das war ja klar, aber Nora war clever genug, einen alten Putzeimer mit Sand zu füllen, der vom Spielplatz gegenüber stammte, und den Baum dann hier hineinzustemmen, nicht ohne den hässlichen Putzeimer zuvor mit rotgrünem Geschenkpapier getarnt zu haben. Die Blautanne wirkte trotz allem, als wäre sie ein wenig besoffen, sie war nun einmal schief, und egal, was Nora auch versuchte, sie wirkte und wirkte nicht gerade. Schließlich gab sie auf. Dann war der Baum halt nicht perfekt. Aber wenigstens hatten sie einen Baum, das war doch besser als nichts, oder?

Sie schmückte ihn und brachte auch die Kerzen an und fand, dass er gar nicht mehr so schlimm aussah.

Ein Blick auf die Uhr verriet ihr, dass es schon vier Uhr war. Die Zeit raste. Verdammt, die Gans. Sie hechtete zum Backofen, in dem die Gans, die man alle zwanzig bis dreißig Minuten mit der Sauce übergießen musste, damit sie nicht austrocknete, seit dreieinhalb Stunden trostlos vor sich hingetrocknet war. Nora standen Schweißperlen auf der Stirn. Wenn sie das Geflügel alle fünfzehn Minuten mit dem Saft übergoss, war es womöglich noch zu retten.

Sie rannte zurück ins Wohnzimmer, dessen Boden mit Nadeln vom alternden Tannenbaum, Lametta und

Sand übersät war, kehrte den Schmutz zusammen und wischte den Boden noch einmal. So, jetzt schnell die Tischdeko vorbereiten. Liebevoll hatte sie rote Christbaumkugeln mit den jeweiligen Namen beschrieben, sie sollten als Platzkärtchen fungieren. Außerdem hatte sie ein paar der Tannenzweige abgeknickt, mit denen sie den Tisch schmücken wollte, und kleine, goldene Porzellanengel sollten zwischen dem Tannengrün hervorlugen. Mit den roten Kerzen und dem grünen Tischtuch darunter würde das sicher hübsch wirken.

Huch, die Tischdecke war ja schon ganz zerknittert. War noch genug Zeit, sie schnell zu bügeln? Nora warf einen gehetzten Blick auf die Uhr. Besser, sie zog sich schon einmal um, sie wollte nicht, dass Lukas' Eltern sie in ihrer schmutzigen Jeans und mit schwarzen Fingernägeln zum ersten Mal sahen. Flink sprang sie unter die Dusche, föhnte sich die nussbraunen Haare, die sie zu einem einfachen Knoten hochsteckte, und zog ihr bordeauxrotes Etuikleid an. So, schon besser.

Aber die Zeit war leider nicht stehen geblieben. Schnell, sie musste sich jetzt beeilen. Sie spurtete wieder zum Backofen, übergoss die Gans und stach prüfend ein Messer in deren Po. Zu dumm, sie war noch nicht so butterweich, wie sie sein sollte. Vielleicht ginge es schneller, wenn der Ofen wärmer wäre? Kurz entschlossen drehte sie die Hitze voll auf. Schnell das Bügelbrett aufbauen. Wo war noch gleich das Bügeleisen? Sie fand es in der Abstellkammer und trug es hinaus ins Wohnzimmer, wo sie es auf das Bügelbrett stellte. Und jetzt das destillierte Wasser hinein, und schon konnte es losgehen. Wo hatte sie das noch gleich gesehen? Ah ja, das war doch der weiße Kanister auf dem Regal ganz hinten im Abstellraum gewesen.

Sie knipste noch einmal das Licht in der engen Kammer an, das mit einem lauten Knall wieder erlosch, kaum dass sie es angestellt hatte. Mist, die Birne war durchgebrannt. Doch Nora hatte jetzt keine Zeit, sie zu wechseln, sie würde sich morgen darum kümmern, wenn das alles hier vorüber wäre. Außerdem sah sie den Kanister schon, er befand sich in der Ecke. Nora wollte etwas aus dem Kanister ins Bügeleisen gießen, aber er war leer. Sie wollte gerade anfangen, zu fluchen, als sie noch einen zweiten, weißen Kanister bemerkte.

Der penible Lukas hatte natürlich an einen Reservekanister gedacht – was hatte sie für ein Glück, einen so vorausschauenden Freund zu haben. Jetzt aber flott rein mit dem destillierten Wasser ins Bügeleisen, und dann schnell das Tischtuch glatt bügeln. Wenn alles perfekt sein sollte, musste sie sich jetzt wirklich beeilen.

Sie legte das Tischtuch bereit, strich es glatt und presste das heiße Eisen darauf, das einen Laut von sich gab, als würde es sich in Todesqualen winden. Irritiert drückte Nora auf den Dampfknopf, vielleicht waren die Düsen verkalkt oder so etwas. Das Bügeleisen spuckte und ächzte, und plötzlich schoss eine Stichflamme aus ihm empor. Erschrocken kreischend wich Nora zurück und fiel rittlings über den Sessel. Die Stichflamme hatte sich zu einer Feuersäule entwickelt, deren Epizentrum das Bügelbrett war. Flammen züngelten empor, und Nora, der die Stichflamme Brauen und Wimpern versengt hatte, handelte schnell. Sie schnappte sich das Bügelbrett mitsamt dem lichterloh brennenden Tischtuch und dem geschmolzenen Bügeleisen drauf und warf es aus dem Fenster. Ein erstickter Schrei ertönte, und Nora erstarrte. Sie sah hinab. Da stand Lukas mit seinen Eltern, und hinter ihm stand sein Jeep in Flammen. Entsetzt schauten alle von seinem Auto zu Nora, die keine Zeit hatte, einen klaren Gedanken zu fassen, weil dicke Rauchschwaden sie daran hinderten. Sie drehte sich hustend um und suchte nach der Quelle der grauen Wolken, die ihr die Kehle verbrannten. Waren etwa Funken auf den Parkettboden übergesprungen, oder brannten die Wohnzimmervorhänge?

Nein, die Wolken kamen ganz eindeutig aus der Küche. Mit einem Aufschrei schlitterte sie zum Backofen, um die brennende Gans ebenfalls aus dem Fenster zu werfen.

»Nora?« Lukas hatte die Tür aufgeschlossen und stürzte in die Wohnung. Die Küche war so voller Rauch, dass er sie im ersten Moment nicht bemerkte. Er machte den Ofen als Brandherd aus, schnappte sich den Sektkühler, füllte ihn mit Leitungswasser und übersah dabei seine vor Schock sprachlose Freundin, die er unglücklicherweise mit eisigem Wasser übergoss.

Genau in diesem Moment traten seine Eltern ein, deren Augen vor Rauch tränten und die von wilden Hustenattacken geschüttelt wurden. Sie sahen von

Lukas zur triefenden, augenbrauenlosen Nora, die gerade in Tränen ausbrach. »Ich wollte euch doch nur mit einem schönen Weihnachtsfest überraschen!«

Nora musste bei der Erinnerung an ihr erstes gemeinsames Weihnachtsfest grinsen. Wie hätte sie auch ahnen können, dass sich in dem Kanister, in dem sie das destillierte Wasser vermutet hatte, Terpentin befand? Seit sie und Lukas Kinder hatten, gingen sie mit solchen Dingen vorsichtiger um.

Da ertönte es auch schon aus dem Wohnzimmer: »Maaaamaaaa! Max hat mich gehauen!«

»Stimmt ja gar nicht!«

Zeit, einzuschreiten, bevor es Tote oder Verwundete gab.

Nora buk gerade Weihnachtsplätzchen mit ihren Zwillingen Ina und Bert, die sich kichernd rohen Plätzchenteig in den Mund stopften.

»Ihr bleibt hier, okay? Wenn die Plätzchen im Ofen fertig sind, dann ruft mich bitte, und holt sie nicht selbst heraus«, mahnte sie ihre Zwillinge.

Noch bevor sie im Wohnzimmer war, schrie Anna lauthals los.

»Der Max hat mich an meinen Haaren gezogen!«

Nun jammerte auch Max mit gespieltem Schmerz: »Und Anna hat mich gepitscht!«

»Hört bitte sofort auf, euch zu schlagen! Wenn ihr euch weiter streitet, dann wird der Weihnachtsmann euch dieses Jahr nichts bringen!« Das Schreien und Jammern hörte auf der Stelle auf.

Es gibt ja Eltern, die vertreten die Ansicht, dass man seinen Kindern von vornherein die Wahrheit über den Weihnachtsmann und den Osterhasen sagen soll.

Aber bei vier Kindern, die alle noch in einem Alter waren, in dem sie fest davon überzeugt waren, dass der Osterhase derjenige war, der die Schokoeier im Garten versteckte und der Weihnachtsmann für die Geschenke sorgte, hatte man als Mutter noch gewisse Chancen, sich Gehör zu verschaffen.

Max und Anna schauten einander schuldbewusst an.

»Tschuldigung«, murmelte Max, und Anna nickte zerknirscht.

Da schallte auch schon ein markerschütternder Schrei aus der Küche, und Nora lief, was das Zeug hielt. Das hörte sich ernst an!

Es duftete verheißungsvoll nach frischem Gebäck, und als sie um die Ecke bog, heulte Ina inmitten eines Plätzchenhaufens laut und durchdringend wie eine Sirene, während Bert sich seelenruhig bückte, einen der Kekse vom Fußboden aufhob und herzhaft hineinbiss.

Nora erfasste die Situation mit einem Blick: Sie griff sich Ina, setzt sie auf einen Stuhl, holte Eis aus dem Kühlfach und legte es auf Inas verbrannte Fingerchen, bevor sie sie mit Brandsalbe einrieb. Während Ina noch immer ein wenig weinte, beseitigte sie das Chaos in der Küche. Du lieber Himmel, wie sollte sie das nur schaffen?

Heute Abend hatte sie ihre Schwiegereltern zum Essen eingeladen, und der verdammte Weihnachtsbaum war auch noch nicht geschmückt! Nora hätte heulen können, aber eine Ehefrau und Mutter kennt keinen Schmerz, also biss sie die Zähne zusammen und machte sich an die Arbeit.

Nachdem sie die Küche wieder in einen halbwegs passablen Zustand versetzt hatte, fühlte sie sich schon sehr viel besser. Sie setzte sich müde an den Küchentisch und wollte schon erleichtert aufatmen, als sie plötzlich innehielt.

Irgendetwas stimmte hier nicht! Es war zu still für einen sonst so lauten Haushalt wie ihren, in dem immer Kinder schrien oder etwas umfiel. Etwas war hier ganz und gar nicht in Ordnung. Nur was? Sie ging wieder hinüber ins Wohnzimmer, wo sie um ein Haar in Ohnmacht gefallen wäre.

Da saßen Max, Ina und Anna in trautem Kreis um den Tannenbaum herum, der sich noch heute Morgen friedlich in der Ecke befunden hatte. Nur, dass er da nicht mehr stand.

Stattdessen lag seine obere Hälfte nun im Kamin, während drei Kinder damit beschäftigt waren, ein schönes, gemütliches Kaminfeuerchen zu entzünden.

»Halt!«, schrie Nora. »Lasst um Himmels willen die Tanne in Ruhe! Wir haben doch sonst keinen Baum, den wir zu Weihnachten schmücken können!«

»Doch, Mama, haben wir, keine Sorge!«, beruhigte Max seine Mutter.

»Wie bitte?«

»Der Berti ist rausgegangen und schlägt uns einen«, erklärte Mäxchen seelenruhig, während er erneut versuchte, das Streichholz anzureißen.

Nora war hin und her gerissen. Sollte sie Max die Zündhölzer abnehmen oder Bert nachjagen, der vermutlich draußen in der kalten Dunkelheit umherirrte und irgendeine unschuldige Tanne in der Nachbarschaft nötigte, mitzukommen.

Kurzentschlossen nahm sie Max die Streichhölzer ab und tadelte: »Was habe ich dir über Feuer und Messer gesagt?«

»Aber wir wollten doch nur ein gemütliches Lagerfeuer für dich machen, Mama«, verteidigte Anna ihren Bruder, und Ina nickte bekräftigend.

Ihre Mutter seufzte. »Bitte zieht eure Jacken an und geht euren Bruder suchen. Sagt ihm, er soll bitte keinen Tannenbaum mitbringen, ja?«

Die drei sahen einander an und zogen mürrisch ab. Nora hatte ihnen wieder einmal den Spaß verdorben. Schnell stellte sie die angesengte Tanne wieder auf ihren Platz zurück und warf einen Blick aus dem Fenster hinaus in die schneeverhangene Landschaft. Ihre Kinder tollten zufrieden im Vorgarten herum und schienen allem Anschein nach einen Schneemann zu bauen. Gut, das ließ ihr ein wenig Zeit, sich umzuziehen, bevor ihre Schwiegereltern ankamen.

Sie zog einen schwarzen Pullover und eine schwarze Hose an und machte sich an die Arbeit. Es hatte sie viel Zeit und Geduld gekostet, Lukas zu überreden, Weihnachten endlich zu Hause zu verbringen. Er hatte das

Chaos, das sie vor so langer Zeit in seiner Wohnung angerichtet hatte, nie vergessen und weigerte sich seit Jahren standhaft, das Weihnachtsfest daheim zu verbringen. Das Wohnzimmer war damals so verwüstet gewesen, dass es vollständig renoviert werden musste, von dem Schaden an seinem nagelneuen Jeep ganz zu schweigen.

Nora wollte, dass ihr Mann den Baum gemeinsam mit ihren Kindern schmückte, das war eine Tradition, die sie erfolgreich in ihre eigene Familie mit eingebracht und die großen Anklang gefunden hatte. Lukas war aber noch fort, er musste heute arbeiten, ein wichtiges Projekt zwang ihn dazu, sodass er erst spät kommen würde. Gut, dann würde sie den Kindern das Schmücken eben allein überlassen und sich jetzt um das Essen kümmern. Die Gans steckte schon im Ofen, sie duftete verheißungsvoll, und Nora übergoss sie halbstündlich mit der delikaten Sauce, die tief in das Fleisch einzog und es innen aromatisch und weich und außen süß und knusprig werden ließ.

Bisher lief alles nach Plan. Da klingelte es an der Tür. Sicher eines der Kinder, das Durst hatte oder Pipi machen musste.

»Frau Engelhard! Ihr Sohn hat meinen Koi-Karpfen auf dem Gewissen!«, bellte ihr Nachbar empört.

Mann, diese Fische kannte sie, waren das nicht die überdimensionalen Goldfische, die unsinnig viel Geld kosteten? »Lebt der Fisch noch?«, erkundigte Nora sich sachlich.

»Ja, aber …«

»Dann hat er ihn ja nicht umgebracht, nicht wahr?«

»Nein, aber ...«

»Hier, nehmen Sie sich doch einen Keks, Herr Furtmüller.« Sie hielt ihm einen Teller mit Gebäck vor die Nase. Er nahm sich einen Keks, schnüffelte daran, so, als wollte Nora ihn vergiften, und wandte sich ohne weitere Worte zu verschwenden zum Gehen. Zeit, den Nachwuchs einzusammeln, bevor noch mehr wütende Nachbarn sich hier einfanden.

»Ina, Anna, Max, Bert, kommt her!« Aus vier verschiedenen Richtungen rannten ihr Kinder entgegen.

»Du, Mama, ich habe ein Überraschungsgeschenk für die Oma!«, erzählte Bertie begeistert, während Max nickte: »Jaha, aber das verraten wir dir nicht, weil dann wäre es ja kein Überraschungsgeschenk mehr!«

Nora war sich überhaupt nicht so sicher, ob sie erfahren wollte, worum es sich bei diesem dubiosen Geschenk handelte. Vielmehr hoffte sie, dass ihre Söhne es bis zur Ankunft ihrer Schwiegermutter vergaßen.

»Ich darf aber die Spitze dranmachen!«, rief Anna. »Das darf ich bei Papi immer.«

»Ist gut. So, rein mit euch.« Dann standen alle um den Baum herum, und Anna sagte strahlend: »Wir haben den Baum fertig geschmückt, darf ich die Spitze jetzt dranmachen?«

Nora lächelte froh und hob Anna hoch, damit sie die Spitze anbringen konnte.

»Jetzt müssen wir nur noch die Kerzen anzünden, dann ist der Baum perfekt«, meinte Bertie anerkennend.

»Das macht euer Papa, wenn er gleich kommt. Lasst euch ja nicht einfallen, das allein zu tun, verstanden?«, drohte Nora streng.

Bertie und Max nickten friedfertig. »Klar, Mama. Dürfen wir jetzt nach oben in unsere Zimmer?«

Nora nickte, erleichtert darüber, dass die Jungs aus dem Weg waren. Sie wunderte sich nicht über deren Hände, die tief in den Hosentaschen vergraben waren. Während die Mädchen mit ihren Puppen spielten, deckte Nora den Tisch und schälte die Maronen und die Kartoffeln.

Es war schon dunkel. Bald würde Lukas heimkommen, hoffte Nora. Lautes Gepolter schreckte sie aus ihren Gedanken, Die Jungen sprangen die Treppen herunter und nahmen dabei immer zwei Stufen auf einmal. Sie setzten sich auf die Couch im Wohnzimmer und grinsten einander vielsagend an.

Da meinte Max: »Du, Anna, wir haben alle unsere guten Sachen an, wann ziehst du dich denn um?«

Anna, die sehr viel Wert auf ihr Äußeres legte, sprang sofort auf und trabte nach oben in ihr Zimmer.

»Mama, machst du heute keinen roten Lippenstift drauf?« Bertie zupfte sie am Ärmel. »Damit siehst du immer so schön aus.«

Gerührt von diesem Kompliment strich Nora ihm über die Wange. »Okay, mein Schatz, ich komme gleich wieder. Passt du so lange auf, dass der Braten im Ofen nicht anbrennt?«

Bertie nickte artig.

»Ich will auch mit, Mami!« Ina liebte es, ihrer Mutter beim Schminken zuzusehen, also trug Nora sie mit nach oben ins Bad und setzte sie auf die Granitplatte neben dem Waschbecken, wo sie nach ihrem dunkelroten Dior-Lippenstift suchte, als sie hörte, wie sich ein Schlüssel im Schloss der Haustür drehte.

»Papi!« Ina machte Anstalten, auf den Boden zu springen, und Nora fing sie nur knapp auf und verhinderte so weitere Tränen.

»Mmmmmmmh! Hier duftet es ja köstl…«, ertönte Lukas' Stimme. Dann hörte sie nur noch einen entsetzten Aufschrei: »Nora!«

Sie lief die Treppen hinunter und nahm dabei wie zuvor ihre Söhne immer zwei Stufen auf einmal. Im Wohnzimmer bot sich ihr ein erschreckender Anblick. Max und Bertie hatten die Kerzen der Tanne angezündet und dabei wahrscheinlich versehentlich einen Ast angesengt. Aus lauter Angst, sie könnten so einen Brand verursachen, hatten sie sich eine der Flaschen geschnappt, die, wie wir immer dachten, außerhalb der Reichweite unserer Kinder auf der Bar standen, und versucht, die Flammen so zu bekämpfen. Ein flüchtiger Blick auf die Flasche in der Ecke verriet Nora, dass sie die Wodka-Flasche erwischt hatten, die für ein regelrechtes Inferno gesorgt hatte. Lukas scheuchte die Kinder aus der Gefahrenzone und griff nach dem Feuerlöscher, während Nora ihren Nachwuchs besorgt inspizierte. »Ist alles in Ordnung?«

»Fröhliche Weihnachten allers…« Lukas' Eltern standen in der Tür, sie waren mit Geschenken beladen und starrten auf das Chaos im Wohnzimmer.

»Mami, das Huhn brennt!«, rief Anna aus der Küche. Ohne die Gäste zu begrüßen, stürmte Nora in die Küche, aus der zartgraue Wölkchen dampften. In rekordverdächtigem Tempo stellte sie den Ofen ab und zog die Gans heraus. Die war oben zwar ein wenig krosser, als sie sein sollte, aber durchaus noch essbar. Sie lief zurück ins Wohnzimmer, wo Lukas und sein Vater den lädierten Baum hinausschafften.

»Das macht nichts, Papi, ich habe noch einen Ersatzbaum, für Notfälle«, tröstete Max seinen Vater.

Lukas zog die Brauen hoch. »Ersatzbaum?«

Max strahlte. »Ja, ist zwar keine Tanne, sieht aber so ähnlich aus. Moment mal.« Er verschwand kurz und tauchte wenig später mit einem hübschen, dichten Nadelbäumchen wieder auf.

Lukas stöhnte. »Das ist doch die preisgekrönte Zwergtanne von Herrn Wieland!«

Max nickte stolz. Bertie, der seine Oma sehr gern hatte, hatte es sich inzwischen auf ihrem Schoß bequem gemacht. »Omi, ich habe ein Geschenk für dich.«

»Für mich?« Überrascht schaute sie ihrem Enkel zu, wie er in seiner Hosentasche kramte.

»Das ist der Fred, dein neues Haustier. Du hast doch immer gesagt, du wolltest eins, nicht?«

Die Oma konnte darauf nicht antworten. Sie war viel zu sehr damit beschäftigt, aus vollem Hals zu kreischen und sich vor der Feldmaus, die Bert ihr in die Hand gedrückt und die sie wie eine heiße Kartoffel hatte fallen lassen, auf die Rückenlehne der Couch zu flüchten.

Lukas war mit einem Satz bei Bertie. »Was hast du wieder getan?«

Bertie, der sichtlich enttäuscht über die Reaktion seiner Oma war, erwiderte mürrisch: »Ich wollte ihr nur eine Freude machen. Die Oma hat gesagt, sie will gerne ein Haustier, also habe ich den Fred für sie gefangen, und der ist jetzt weggelaufen, weil die Oma ihn so angebrüllt hat.«

Nora und Lukas sahen einander in komischer Verzweiflung an. Gegen ihren Willen mussten beide plötzlich grinsen.

Jana Sonntag

Stille Post

Hamburg, 21. Dezember 2008

Liebe Oma,
schon etwas verspätet kommen hier noch ein paar Weihnachtsgrüße von deiner Stefanie. Ich weiß leider nicht, wie lange die Post bis auf die Kanaren braucht, aber bestimmt freust Du Dich auch, wenn Du die Karte erst im neuen Jahr bekommst. Ich hoffe, Du genießt die Feiertage auf Teneriffa und lässt Dir richtig schön die Sonne auf den Pelz scheinen! Und vielen Dank noch einmal für den schönen Pullover, ich habe ihn gerade an, und er hält mich trotz Minustemperaturen kuschelig warm.

Bis bald und liebe Grüße,
Stefanie

P.S.: Ich habe noch einmal über Dein Angebot, mein Konto auszugleichen, nachgedacht. Wirklich lieb von Dir, aber ich denke, ich schaffe das schon allein.

Sehr geehrter Herr Beutler,
leider habe ich es vor Weihnachten nicht mehr geschafft, auf Ihre Anrufe und Ihren Brief zu antworten. Aber lassen Sie uns doch gern im neuen Jahr einen Termin vereinbaren. Ich bin ab 3. Januar wieder zu erreichen, ich freue mich schon darauf, Sie kennenzulernen. Bis dahin nun erst einmal liebe Weihnachtsgrüße und einen guten Rutsch!

Herzliche Grüße,
Stefanie Klugmann

Hallo Katja!
Ja, da staunst Du, was? Eine Weihnachtskarte von mir! Aber ich bin irgendwie gerade so besinnlich drauf, und da wollte ich meiner besten Freundin auch mal schreiben. Warum bist Du nur nach München gezogen? Das ist sooo weit weg! Vermisse Dich hier oben ganz doll und wünschte, Du wärst jetzt bei mir, zumal die letzten Tage wirklich eine absolute Katastrophe waren (hab ein paar Mal versucht, Dich anzurufen, aber Du scheinst ja ständig mit Deinem neuen Lover unterwegs zu sein). Tja, dann also per Post:

Vorgestern habe ich Olaf getroffen. War noch in der Stadt unterwegs, um die letzten Geschenke zu kaufen, da bin ich auf dem Weihnachtsmarkt am Rathausplatz direkt in ihn hineingelaufen. Im ersten Moment habe ich mich natürlich gefreut – im zweiten dann nicht mehr so sehr. Weißt Du, mit wem er da war? Mit der bescheuerten Melanie. Ja, genau, die Melanie aus seinem Tennisverein, mit der er ja nur hin und wieder ein Match spielt! Haha! Die beiden standen da Arm und Arm, sah wirklich ganz bezaubernd aus. Ich fasse es nicht! Gerade mal zwei Monate ist es her, dass er Schluss gemacht hat, und schon hat er eine Neue. Ich könnte heulen! Er hat »hallo« gesagt, aber ich hab vor lauter Schreck keinen Ton rausgebracht und bin einfach nur stumm abgehauen. Wie peinlich! Wünschte, ich hätte auch einen tollen Typen an meiner Seite gehabt, da hätte Olaf echt dumm geguckt. Aber, na ja, so scheiße, wie ich im Moment aussehe, interessiert sich sowieso keiner für mich.

Das heißt, einer interessiert sich doch: Hab ein paar Anrufe und einen Brief von meiner Bank bekommen. Ein Markus Beutler. Ist mein neuer Kundenbetreuer, der sich mit mir »über meine Finanzen« unterhalten will. Scheiße! Auch das noch! Ich weiß ja, dass mein Konto total überzogen ist, hab in den letzten Wochen wohl etwas viel Frustshopping betrieben. So ein Mist, jetzt muss ich mich also auch noch mit diesem Beutler rumärgern. Hab ihm gerade eine schleimige Weihnachtskarte geschrieben, vielleicht besänftigt ihn das ja ein wenig.

Ach, Süße, mein Leben ist im Moment echt grauenhaft. Keiner liebt mich, und dann ist auch noch Weihnachten. Bin wirklich froh, wenn ich die

Feiertage heil überstanden habe und es irgendwann Frühling wird! Wann sehen wir uns wieder? Ich vermisse Dich!

Traurige Grüße
von Deiner Freundin
Steffi

24. Dezember 2008, 18.49 Uhr

»Alles Liebe zu Weihnachten, mein Schatz!«

»Danke, Mama.« Einigermaßen lustlos nehme ich das Päckchen entgegen, das meine Mutter mir überreicht, und fange an, es auszupacken. Zum Vorschein kommt ein Buch mit dem Titel »Allein – aber glücklich«. Sehr schön. »Lieb von dir«, sage ich trotzdem artig und gebe meiner Mutter ein Küsschen.

»Wir dachten, das wäre vielleicht das Richtige für dich«, erklärt Mama etwas verlegen und wirft dann meinem Vater, der gerade dabei ist, die Gans zu tranchieren, einen unsicheren Blick zu.

»Deine Mutter hat es von einer Freundin empfohlen bekommen«, fügt mein Vater hinzu und lächelt mich aufmunternd an. »Die meinte, es hätte ihrer Tochter sehr nach ihrer Scheidung geholfen.«

»Ich werde es zwischen den Tagen lesen«, verspreche ich und lege das Buch mit spitzen Fingern zurück unter den Baum.

»Mach das«, bekräftigt mein Vater, »so eine Trennung ist ja nicht das Ende der Welt.«

»Manchmal ist es auch ein neuer Anfang«, fügt

meine Mutter hinzu und streicht mir mit einer Hand liebevoll über die Wange.

»Ja«, seufze ich, »wer weiß, wofür es gut ist.«

»Wollen wir dann essen?«, fragt mein Vater.

Fünf Minuten später sitze ich mit Mama und Papa an der festlich gedeckten Tafel und gebe mir Mühe, einen Bissen Gans hinunterzuwürgen. Dabei ist mir wirklich nicht danach. Mir ist danach, mich einzubuddeln, mir die Decke über den Kopf zu ziehen und darauf zu warten, dass alles wieder besser wird. Schlimmer kann es schließlich nicht mehr werden. Wenn man mit dreiunddreißig Jahren am Heiligen Abend noch allein bei seinen Eltern unterm Weihnachtsbaum hockt, ist im Leben wohl etwas falsch gelaufen. Und in meinem Leben ist demnach eine ganze Menge falsch gelaufen. Besonders in den letzten zwei Monaten, da ist eigentlich alles komplett den Bach runter gegangen. Normalerweise wäre ich jetzt mit Olaf irgendwo zum Skifahren in den Bergen. So, wie wir es in den vergangenen fünf Jahren immer gemacht haben. Aber nachdem mein Freund vor ein paar Wochen überraschend Schluss gemacht hat, blieb mir nichts anderes übrig, als am Heiligen Abend zu meinen Eltern zu fahren. Katja ist gerade zu ihrem neuen Freund nach München gezogen, da wollte ich nicht stören – und mit Oma nach Teneriffa, das hätte mich erst recht frustriert. Und so hocke ich nun also bei meinen Eltern. Wirklich entwürdigend für eine erwachsene Frau. Wieder allein, wieder ganz am Anfang, wieder da, wo ich war, bevor ich Olaf kennenlernte. *Gehen*

Sie nicht über Los, ziehen Sie nicht viertausend Euro ein.

»Alles in Ordnung, mein Schatz?« Meine Mutter wirft mir einen besorgten Blick zu.

»Doch, doch«, sag ich schnell und nicke. »Ich bin nur etwas …«

»Ach, Steffi«, werde ich von Mama unterbrochen. »Glaub mir, es wird schon bald alles wieder gut.«

»Sicher«, erwidere ich tapfer und spüre, wie mir eine dicke Träne über die Wange kullert. Bald wird bestimmt alles wieder gut.

Gegen Mitternacht taumele ich pappsatt und voll des guten Weines aufs ausgeklappte Gästesofa im Wohnzimmer. Na bitte, Heiligabend habe ich schon einmal überstanden. Und wenn der Getränkevorrat nicht ausgeht, schaffe ich auch noch die restlichen Feiertage.

»Guten Morgen, du Schlafmütze!« Erschrocken fahre ich hoch, als eine Stimme laut in mein Ohr posaunt.

»Was?« Ich blicke irritiert um mich und weiß im ersten Moment überhaupt nicht, wo ich bin und was los ist.

»Du sollst aufwachen, es ist schon fast zwölf!« Erst jetzt habe ich meine Sinne so weit beisammen, dass mir einfällt, dass ich bei meinen Eltern auf dem Sofa liege. Im nächsten Moment erkenne ich auch, wer mich da so unsanft aus meinem Schlummer gerissen hat: Katja! Sie sitzt neben mir auf dem Sofa und mustert mich amüsiert.

»Katja!« Begeistert falle ich ihr um den Hals und

drücke sie an mich. »Was machst du denn hier?«, will ich wissen, nachdem sie sich mit einem lachenden Protest von mir gelöst hat.

»Das ist ja eine tolle Begrüßung«, beschwert sie sich und schiebt schmollend ihre Unterlippe nach vorn. »Ich dachte, du freust dich.«

»Tu ich ja auch. Aber ich hab überhaupt nicht mit dir gerechnet.« Sie blitzt mich schelmisch aus ihren stahlblauen Augen an.

»Sollte ja auch eine Überraschung sein«, erklärt sie. »Ich habe heute früh gleich den ersten Flug genommen. Konnte dich doch Weihnachten nicht allein lassen, oder?« Sie grinst breit, und ich falle ihr erneut um den Hals, wobei ich gleichzeitig sogar anfange, ein kleines bisschen zu schluchzen.

»Du ahnst gar nicht, wie sehr ich mich freue, dass du da bist!«

»Also, erzähl«, fordert Katja mich auf, als wir eine halbe Stunde später in meinem Lieblingscafé in der Schanze sitzen. »Was ist in den letzten Tagen alles passiert?«

»Na ja«, meine ich, »die Highlights hab ich dir schon geschrieben, aber die Karte ist wohl noch nicht angekommen.«

»Die Karte?«, fragt Katja. Dann reißt sie erschrocken die Augen auf. »Ach, ja, die Karte! Sorry, die hab ich ganz vergessen, ist gestern gekommen, und ich hab sie in dem ganzen Trubel noch gar nicht gelesen, wir waren ja gestern bei Ralphs Eltern. Aber ...«, sie kramt in ihrer Handtasche und zieht schließlich einen Umschlag hervor, »ich hab sie hier!« Sie hält den Brief mit meiner Handschrift in die Höhe.

»Na dann«, ich lehne mich in meinem Stuhl zurück, »lies sie mal. Da steht alles drin.«

»Okay.« Katja reißt den Umschlag auf und studiert meine Karte.

»Verstehe ich nicht«, meint sie dann und legt ihre Stirn in Falten. »Wer ist Herr Beutler?«

»Herr Beutler?« Katja nickt.

»Ja, hier steht: ›Sehr geehrter Herr Beutler …‹«

»Wie bitte?« Irritiert reiße ich ihr die Karte aus der Hand – und traue meinen Augen kaum. »Oh, nein!«, entfährt es mir und spüre, wie mir das Blut in die Knie sackt.

»Was ist denn?«

»Das ist nicht die Karte an dich. Die habe ich an Herrn Beutler, meinen neuen Kundenberater bei der Bank, geschrieben.«

»Wieso schreibst du an einen Bankmenschen Weihnachtskarten?«

»Ich wollte ein bisschen gute Stimmung machen, weil mein Konto so überzogen ist und er deshalb mit mir reden will.«

»Ach so«, meint Katja und zuckt mit den Schultern. »Ist ja nicht so schlimm, der Brief ist ja nur bei mir gelandet.«

»Oh, doch«, erwidere ich und merke, wie ich mit einem Schlag knallrot anlaufe. »Das ist in der Tat schlimm.«

»Aber wieso denn?«

»Weil«, ich nehme einen tiefen Schluck aus dem Prosecco-Glas, das vor mir steht, »das bedeutet, dass ich im Gegenzug deine Karte an Herrn Beutler geschickt habe.«

»Verstehe«, sagt Katja. Dann tritt wieder ein breites Grinsen auf ihr Gesicht. »Dann hoffe ich mal, du hast mir nichts Anzügliches geschrieben.«

»Äh, ›anzüglich‹ nicht direkt …«

Katja kann sich kaum beruhigen, nachdem ich ihr in kurzen Sätzen erläutert habe, was in der Karte stand, die ich eigentlich an sie schicken wollte.

»Das ist ja zum Totlachen!«, brüllt sie und kichert hysterisch. »Da wird Herr Beutler Augen machen.«

»Das fürchte ich auch«, meine ich kleinlaut. »Vor allem der Teil mit der ›schleimigen Weihnachtskarte‹ – ohweihohweih! Glaube nicht, dass er mir daraufhin sofort einen höheren Dispo einräumen wird.«

»Ach, was!« Katja macht eine wegwerfende Handbewegung. »Wenn der Mann ein kleines bisschen Humor hat, wird er darüber lachen.«

»Und wenn nicht?« Sie zuckt mit den Schultern.

»Dann wohl eher nicht.«

»Scheiße!« Im nächsten Moment fällt mir etwas ein. »Aber es gibt noch einen Hoffnungsschimmer«, rufe ich aus.

»Nämlich?«

»Meiner Oma habe ich auch noch eine Karte geschickt – vielleicht habe ich ja alle vertauscht, und sie hat jetzt den Brief an Beutler.«

»Könnte sein«, stimmt Katja mir zu. »Ruf sie doch mal an.« Hektisch krame ich mein Handy aus meiner Tasche und wähle die Mobilnummer meiner Großmutter. Bitte, lieber Weihnachtsmann, bete ich innerlich – lass mich nur einmal Glück haben.

Ich habe kein Glück. Nicht nur einmal nicht, sondern gleich zweimal nicht. Zum einen hat meine Oma die richtige Karte erhalten – zum anderen hat Richard Beutler keinen Humor. Und zwar überhaupt keinen. Null, nada, niente.

»Ja, Frau Klugmann«, beginnt er das Gespräch, als ich am Nachmittag des vierten Januars in seinem Büro vor ihm sitze, um mit ihm meine unerquickliche finanzielle Lage zu besprechen. »Ihre Karte hat mich ein wenig ... irritiert, möchte ich sagen.« Seine grünen Augen mustern mich durchdringend, und ich fühle mich schlagartig wie eine kleine Laus, die er im nächsten Augenblick zerquetschen wird.

»Ja«, versuche ich einen lahmen Scherz, »ich dachte, ich mache dieses Jahr mal etwas Außergewöhnliches.« Er zieht die Augenbrauen hoch. Eigentlich würde er vielleicht ganz gut aussehen, muss ich unwillkürlich denken, die dunklen Haare sind ein interessanter Kontrast zu seinen hellen Augen. Eigentlich. Wenn er nicht so böse gucken würde. Ich schätze ihn auf Mitte dreißig, aber im Anzug und mit akkurat sitzender Krawatte wirkt er wesentlich ... seriöser.

»Gut«, fährt Herr Beutler fort und geht nicht weiter auf meinen Scherz ein. »Was haben Sie sich denn bezüglich Ihres Kontostandes überlegt? Sie sind mit über fünftausend Euro im Soll – wie möchten Sie das ausgleichen?«

»Äh«, erwidere ich und suche fieberhaft nach einer schlauen Antwort, »ich hatte mir überlegt, dass ich ab sofort etwas sparsamer leben sollte.«

»Aha.« Täusche ich mich, oder spielt da der Hauch eines amüsierten Lächelns um seine Augen? »Sparsamer, so, so. Nun, das würde ich Ihnen auch raten.«

»Wissen Sie«, meine ich, »ich hatte in letzter Zeit ...«

»Ich weiß«, werde ich von ihm unterbrochen – und jetzt ist sein Grinsen nicht mehr zu übersehen, »über den Grund Ihrer, ich möchte sagen, Shopping-Eskapaden, bin ich ja bestens informiert.« Wieder einmal schießt mir das Blut ins Gesicht, die ganze Situation ist mir so dermaßen peinlich, dass ich am liebsten im Erdboden versinken würde.

»Ja, äh, das ist schon klar. Aber so sind wir Frauen halt manchmal, dass wir Kummer durch ... na ja, dass wir ihn eben kompensieren.«

»Vielleicht sollten Sie sich in Zukunft eine andere Strategie überlegen«, schlägt Richard Beutler vor.

»Zum Beispiel?«

»Wie wäre es mit Sport? Eine ausgedehnte Laufrunde um die Alster sorgt für einen klaren Kopf.« Mein Blick wandert unauffällig über seinen Körper, selbst unter seinem Anzug lässt sich erahnen, dass Herr Beutler diese Strategie hin und wieder wohl selber fährt.

»Lieber nicht«, wehre ich trotzig ab, »ich bin wirklich der unsportlichste Mensch der Welt.«

»So sehen Sie gar nicht aus«, kommt es spontan zurück. »Entschuldigung, das ist mir jetzt so rausgerutscht«, fügt er sofort hinzu. Und tatsächlich ist es jetzt an ihm, ein wenig rot zu werden. Wie süß!

»Danke«, sage ich und kann nicht vermeiden, ihn nun breit anzugrinsen. Dass sich aus diesem doch eher unangenehmen Gespräch so unverhofft ein netter Flirt entwickelt – wer hätte das gedacht? Allerdings hält der nette Augenblick nur kurz an, im nächsten Moment ist Beutler wieder voll und ganz der Bankmensch, der hier seinen Job macht.

»Jedenfalls, Frau Klugmann«, er räuspert sich, »sehe ich kurzfristig keine andere Möglichkeit, als fürs erste Ihr Konto einzufrieren. So lange, bis Sie den Betrag wieder einigermaßen ausgeglichen haben.«

»Bitte, was?«, entfährt es mir entsetzt. Ich glaube, ich habe mich verhört! »Wovon soll ich denn meine Kosten bezahlen, ich kann doch nicht mit null Euro den restlichen Monat bestreiten!«

»Haben Sie denn irgendwelche Sicherheiten vorzuweisen? Vielleicht könnten wir einen Kredit in Erwägung ziehen?«

»Da kann ich Ihnen höchstens mein altes Damenfahrrad anbieten«, antworte ich einigermaßen ratlos.

»Hm«, Richard Beutler spielt nachdenklich mit einem Kugelschreiber herum und kritzelt ein paar kryptische Zeichen auf den kleinen Notizblock, der vor ihm liegt. »Was halten Sie denn davon ...«, spricht er dann weiter, und ich bin ganz Ohr. »Wenn wir in den nächsten Tagen mal essen gehen und alles in Ruhe besprechen?«

»Wie? Essen gehen?« Ich glaube, ich hab mich verhört.

»Ja, ich kenne da einen kleinen, netten Italiener ...« Bevor er überhaupt aussprechen kann, bin ich schon aufgesprungen.

»Verstehe, Kredit gegen Naturalien!«, fahre ich ihn erbost an. »Tut mir leid, aber das können Sie komplett vergessen!« Mit diesen Worten rausche ich aus seinem Büro, donnere die Tür hinter mir ins Schloss und marschiere hoch erhobenen Hauptes aus der Bank. Der hat sie doch wohl nicht mehr alle! Aber nicht mit mir, nicht mit Stefanie Klugmann!

»Olaf hat dich angerufen?« Katjas Stimme klingt durchs Telefon mehr als überrascht.

»Ja«, bestätige ich ihr erfreut, »damit habe ich auch überhaupt nicht mehr gerechnet.«

»Und was wollte er jetzt?«

»Sich mit mir treffen«, erzähle ich. »Morgen Abend gehen wir in diese neue Bar am Jungfernstieg.« Ich kann ein aufgeregtes Glucksen mit Mühe und Not unterdrücken.

»Und was ist mit dieser Melanie?«, will Katja wissen und spricht damit natürlich genau den Punkt an, der mich auch brennend interessieren würde.

»Keine Ahnung«, meine ich. »Am Telefon wollte ich ihn nicht danach fragen, aber ich schätze, im Verlauf des Abends werde ich es schon erfahren. Hach, Katja, ich freue mich echt!«

»Hm«, kommt es etwas sparsam zurück.

»Was soll das heißen, hm?«

»Gar nichts«, erwidert meine beste Freundin. »Ich hoffe nur, du machst dir jetzt nicht zu große Hoffnungen und bist hinterher enttäuscht.«

»Wieso sollte ich enttäuscht sein?«

»Ich mein ja nur«, erklärt Katja. »Pass einfach ein bisschen auf dich und dein Herzchen auf.«

»Das mach ich«, verspreche ich. Und denke gleichzeitig, dass es ja wohl nur einen logischen Grund geben kann, weshalb Olaf sich mit mir treffen will: Er möchte es mit uns noch einmal versuchen.

»Mal was ganz anderes«, wechselt Katja das Thema. »Hast du noch einmal was von diesem komischen Typen von der Bank gehört?«

»Ein paar Mal«, sage ich. »Hat mir aufs Band gesprochen und wollte sich entschuldigen. Aber ich hab nicht mehr zurückgerufen, das war mir echt zu blöd. Omi hat mein Konto ausgeglichen, ich hab sofort die Bank gewechselt – damit ist das Thema für mich durch.«

»Richtig so«, pflichtet Katja mir bei, »der Kerl war ja echt mehr als dreist.«

»Kann man wohl sagen«, antworte ich. Und bin in Gedanken schon wieder bei meinem Date mit Olaf …

Normalerweise ist Olaf die Pünktlichkeit in Person. Normalerweise. Aber als ich um Viertel nach neun am nächsten Abend immer noch allein in der Bar sitze, ziehe ich ernsthaft in Erwägung, die Polizei zu rufen. Das passt so gar nicht zu ihm, also muss etwas passiert sein. Jedenfalls hoffe ich das. Das heißt, ich hoffe es natürlich nicht. Irgendwie. Allerdings: Wenn nichts passiert ist, bedeutet das, dass ich hier aufgedonnert wie zum Opernball sitze, während mein Date sich einfach mal eine Viertelstunde verspätet. Zwanzig Minuten, wie mir ein weiterer Blick auf die Uhr sagt. Genervt lehne ich mich in meinem bequemen Sessel zurück, das gibt's doch gar nicht!

»Oh, guten Abend Frau Klugmann. Toll sehen Sie aus!« Irritiert drehe ich meinen Kopf in die Richtung, aus der die Stimme kommt – und blicke direkt in das Gesicht von Richard Beutler. Was will der denn hier?

»Hallo«, erwidere ich knapp und will mich sofort wieder wegdrehen. Aber Herr Beutler ignoriert meine Unfreundlichkeit geflissentlich und setzt sich einfach auf den Sessel neben mir.

»Das ist ja wirklich ein Zufall, dass wir uns hier treffen«, meint er. »Da habe ich dann endlich die Möglichkeit, Ihnen in Ruhe zu erklären, dass das damals alles ein schreckliches Missverständnis war. Ich wollte doch nur …« Ehe ich ihn unterbrechen und ihm auseinandersetzen kann, dass es mich gerade nicht im Geringsten interessiert, ob hier ein Missverständnis oder ein sonst was vorliegt, kommt Olaf in die Bar.

»Hi, Stefanie!« Er bleibt direkt vor uns stehen, wirft erst mir, dann Richard Beutler einen irritierten Blick zu.

»Hallo Olaf«, sage ich und versuche gleichzeitig, mit meinem Sessel ein Stückchen von Richard Beutler wegzurücken. Was nicht funktioniert, weil das gute Möbelstück etwa eine Tonne wiegt.

»Olaf?«, kommt es von Richard Beutlers Platz.

»Kennen wir uns?«, fragt mein Ex-Freund erstaunt.

»Nicht persönlich«, meint Beutler. »Aber Steffie hat mal von Ihnen erzählt.« Bevor ich weiß, wie mir geschieht, hat Richard Beutler einen Arm um mich gelegt und zieht mich dicht an sich heran. Ich bin zu überrascht, um etwas dagegen zu tun, und verfalle in eine Art Schreckstarre. Olaf starrt uns verwirrt an.

»Verstehe«, sagt er dann. »Du hast dich also nur mit mir verabredet, um mir so richtig schön einen reinzuwürgen. Das ist dir gelungen, vielen Dank!« Mit diesen Worten rauscht er aus der Bar. Zurück bleiben ich – und Richard Beutler. Immer noch Arm in Arm.

»Sagen Sie mal, haben Sie einen Knall?«, fahre ich Beutler an, sobald ich wieder einen klaren Gedanken formulieren kann.

»Wieso?«, will er wissen. »Das war doch Olaf, oder?«

»Allerdings war er das«, schnaube ich.

»Aber, ich dachte …« Was der Idiot sich dachte, höre ich schon gar nicht mehr, denn eine Sekunde später bin ich raus aus der Bar und laufe laut »Olaf« rufend hinter meinem Exfreund her.

»Und?«, fragt Katja. »Triffst du dich noch einmal mit ihm?« Ich überlege einen Moment lang.

»Schätze schon«, antworte ich dann.

»Finde ich auch gut«, meint Katja, »du solltest ihm echt noch eine Chance geben.«

»Hm«, sage ich. »Ich rufe ihn heute Abend mal an.«

»Und was ist mit Olaf?«, will Katja dann wissen.

»Ach, der«, sage ich und mache eine wegwerfende Handbewegung. »Das ist wirklich der größte Idiot, der mir je begegnet ist. Tatsächlich wollte er von mir nur ein paar Tipps haben, wie er Melanie ein bisschen eifersüchtig machen kann, weil sie in letzter Zeit so abweisend geworden ist. Unglaublich, oder? Fragt seine Ex nach Beziehungstipps.«

»Tja«, kommentiert Katja. »Typisch Mann eben. Die merken halt nichts.«

»Würde ich so nicht sagen«, widerspreche ich und muss lächeln.

»Schon klar«, meint meine beste Freundin. »Der Brief ist aber auch wirklich zu süß! Gar nicht typisch für einen Mann. Liest du ihn mir noch einmal vor?«

»Das ist doch kindisch.«

»Bitte, bitte, bitte! Der ist soooo schön!«

»Also gut.« Ich räuspere mich einmal laut und beginne dann zu lesen. Den Brief, der vor zwei Tagen in meinem Postkasten lag:

Hamburg, 23. Februar 2008

Liebe Mama,
Dein Sohn ist ein Idiot. Und zwar ein Riesenidiot. Stell Dir vor: Da kommt diese absolute Traumfrau zu mir in die Bank, weil wir über ihr überzogenes Konto sprechen wollen. Keine große Sache, nicht der Rede wert. Aber weil ich sie nicht so schnell gehen lassen wollte, habe ich ein bisschen auf wichtig gemacht und ihr gesagt, dass wir uns jetzt echt was überlegen müssen. Tja, und als ich sie zum Essen einladen wollte, hat sie das in den völlig falschen Hals bekommen und gedacht, ich … Na, Du verstehst schon.

Tja, und jetzt habe ich diese tolle Frau durch Zufall ein weiteres Mal getroffen – und es gleich wieder verbockt. Sie war wohl mit ihrem Ex-Freund verabredet, aber ich Idiot hab's nicht geschnallt. Wollte ihr nur einen Gefallen tun und habe mich als ihren neuen Freund vorgestellt, damit sie vor ihrem Ex besser dasteht … Ach, klingt alles verwirrend, ich weiß, aber vielleicht hast Du ja trotzdem eine Idee, wie ich das alles wieder geradebiegen kann? Ich bin nämlich ganz schön verknallt in diese Frau …

Liebe Grüße,
Richard

Tja, was soll ich dazu sagen? Während ich noch mit Katja plaudere, stelle ich mir im Geiste schon mein Date vor, das ich am Abend mit Richard habe. Wie er das wohl wieder ausbügeln will …?

Michael Eichhammer

Gitme, Weihnachtsmann!

»Was sind unsere drei goldenen Regeln?« Wenn er so finster schaut wie jetzt, erinnert mich mein Ausbilder eher an Knecht Ruprecht als an den Weihnachtsmann.

»Erstens: Man ist nie zu alt, um an den Weihnachtsmann zu glauben. Zweitens: Der Weihnachtsmann ist immer fröhlich.« Ich leiere meinen Text herunter wie ein Kind, das von seinen Eltern genötigt wurde, ein Gedicht aufzusagen, um die ersehnten Weihnachtsgeschenke zu bekommen. Das liegt daran, dass mein heutiger Arbeitgeber mich zum gefühlt hundertsten Mal zwingt, die Firmenphilosophie seiner Weihnachtsmann-Agentur herunterzubeten. Und im Gegensatz zu unseren kleinen Kunden bekomme ich für die richtigen Antworten nicht mal ein Geschenk. Abgesehen davon ist mir, mürbe von der Fragerei, soeben die dritte Strophe entfallen.

»Drittens …« Ich starre hilfesuchend den Mann an, der nur für diesen einen Tag mein Chef ist. Sein Kostüm trägt er schon seit dem Morgen. Langsam frage ich mich, ob er möglicherweise pervers veranlagt ist.

Vielleicht gibt es ja eine fetischistische Neigung namens Santanismus oder so: Fixierung auf das Tragen von weihnachtlichen Kleidungsstücken. Accessoires wie Sack, Rute, Gürtel oder hohe Lackstiefel kennt man schließlich auch aus anderen Zusammenhängen.

»Weiter!« Mein Ausbilder trommelt ungeduldig mit den Fingern auf die Tischplatte. »Drittens ...« Er bläst so viel Luft aus seinen imposanten Pausbacken, dass der Lamettastreifen, der die Kunden schon beim Eintreten in Festtagsstimmung bringen soll, ein Stück weit über die Schreibtischplatte rollt.

»Drittens ...« Mein Blick schweift auf der vergeblichen Suche nach einem Spickzettel durch den Raum und bleibt hängen an dem ganzen Stolz meines Chefs – mal abgesehen von seinen hundertzwanzig Kilo Kampfgewicht und dem angeblich einzigen echten Weihnachtsmann-Bart der Stadt. Sein Weihnachtsmann-Diplom, das, flankiert von Fotos seiner Auftritte, an der Wand hängt. »Autorisierter Weihnachtsmann of Germany« steht da, umrahmt von stilisierten Tannenzweigen. Darunter lese ich »Santa-Claus-World-Congress Kopenhagen«. Seit diese Veranstaltung ins Leben gerufen wurde, haben Weihnachtsmänner endlich eine schlagfertige Antwort auf die hämische Frage: »Was macht der Weihnachtsmann im Sommer?« Er ist in Dänemark. Zumindest mein Gegenüber wird nicht müde, vom Höhepunkt seiner Karriere zu berichten – dem Augenblick, in dem er unter dem Applaus von mehr als hundert übergewichtigen Kollegen das Abzeichen des Weihnachtsmann-Weltverbandes ans rote Revers geheftet bekam. Dekoriert wurde er unter anderem für sein authentisches Kostüm.

Ah! Das ist das Stichwort! »Drittens: Nur ein authentischer Weihnachtsmann ist ein guter Weihnachtsmann.«

Mein Ausbilder nickt schwach. »Und was macht einen Weihnachtsmann authentisch?«

50 Kilo Übergewicht und ein lächerlicher Bart, liegt mir auf der Zunge. »Nur wer selbst an den Weihnachtsmann glaubt, kann ein guter Weihnachtsmann sein«, zitiere ich und fühle mich dabei wie ein Sektenmitglied nach der Gehirnwäsche.

»Und wie steht es mit dir, Martin?« Er mustert mich eindringlich. Seine müden, von Falten umrahmten Augen wirken plötzlich hellwach. »Glaubst du von ganzem Herzen an den Weihnachtsmann?«

Ich nicke und versuche, dabei möglichst andachtsvoll zu wirken.

Mein Chef ist sichtlich zufrieden. Er streicht sich durch den grauweißen Bart und lächelt mich an. Zum ersten Mal überhaupt. Und zum ersten Mal erkenne ich ihn. Gerade noch saß mir ein grummelig-pummeliger Inquisitor gegenüber, nun blicke ich in die gütigen Augen des Weihnachtsmanns.

Langsam dämmert mir, warum seine Agentur so erfolgreich ist. Seine Geschäfte laufen so gut, dass er für den heutigen Heiligen Abend auf die Schnelle einen Weihnachtsmann-Azubi ausbilden musste. Abgesehen von seinen CIA-artigen Verhörmethoden wird er mir langsam, aber sicher immer sympathischer.

»Denk immer daran, Martin: Es passiert im Leben immer das, woran du glaubst.« Er benutzt seinen wulstigen Zeigefinger wie einen Dirigentenstab, um das Gesagte zu unterstreichen. »Und wenn du an den Weihnachtsmann glaubst, dann gibt es ihn auch.«

Der Weihnachtsmann steht umständlich auf, ächzt dabei wie eine frisch geschlagene Nordmann-Tanne und humpelt um den Tisch herum. »Du bist soweit, Martin.« Er klopft mir mit einem gütigen Lächeln auf die rechte Schulter. »Jetzt kann ich dich guten Gewissens alleinlassen.« Mit der Behäbigkeit einer zweihundertjährigen Galapagos-Riesenschildkröte steuert er die Tür an. Er dreht sich noch einmal um: »Du weißt, was du zu tun hast?«

Ich blicke in Richtung Computer, was ihm scheinbar als Antwort genügt. »Und vergiss nicht deinen Termin um neunzehn Uhr!« Mit diesen Worten lässt mich der Weihnachtsmann allein.

Nachdem seine schweren Schritte im Treppenhaus verhallen, stelle ich mich ans Panorama-Fenster, um ihm hinterherzuschauen.

Der Weihnachtsmann bahnt sich seinen Weg durch die übervölkerte Fußgängerzone. Das Schneegestöber, das heute Nacht einsetzte, verwandelt die ganze Stadt in eine riesige, frisch geschüttelte Schneekugel. Der Schnee fällt so eifrig vom Himmel, als hätte da oben jemand zu spät bemerkt, dass heute der Heilige Abend ist und wollte die dem Anlass angemessene Schneemenge in aller Eile nachreichen. Ein Bild von Frau

Holle taucht vor meinem geistigen Auge auf. Warum auch nicht – wenn man erst mal so weit ist, mit dreiunddreißig Jahren noch an den Weihnachtsmann zu glauben, kommt es auf eine Märchengestalt mehr oder weniger auch nicht an.

Das Telefon klingelt in dem Augenblick, als der dicke rote Punkt endgültig im Gewusel der Last Minute-Geschenksucher verschwindet.

»Spreche ich mit dem Weihnachtsmann?«, fragt eine raue Männerstimme am anderen Ende der Leitung.

»Ja, hier ist der Weihnachtsmann«, sage ich voller Stolz. Meine neue Rolle als Santa Claus-Azubi gefällt mir auf Anhieb.

»Kann ich mal die Weihnachtsfrau sprechen?«

»Bitte?«

»Habt ihr auch eine Weihnachtsfrau im Angebot?«

»Äh, diese Frage ... so eine Anfrage hatten wir noch nicht«, stammele ich überfordert.

»Also, um Missverständnissen vorzubeugen: Wir haben da nicht an ne Dicke gedacht. Eher was Knackiges, in nem kurzen roten Mini, die auf unserer Firmenfeier strippt.« Ein blechernes Lachen geht in Husten über. »Vielleicht kann die auch aus ner Torte hüpfen oder so.«

»Haben wir nicht.«

»Und ohne Torte?«

»Auch nicht. Bei uns gibt es nur Weihnachtsmänner.«

»Sexistischer Fettsack!«

»Ich bin nicht …« Am anderen Ende höre ich nur noch ein Tuten. Was für ein unverschämter Kerl!

Wobei er in einem Punkt nicht ganz unrecht hat: dass es keine Weihnachtsfrau gibt, ist eine der letzten Bastionen des männlichen Machtmonopolismus, gegen welche die Emanzipation bisher versäumt hat, anzurennen. Zu gern würde ich mit dem unhöflichen Anrufer darüber diskutieren, ob eine abgemagerte Weihnachtsfrau im sexy Kostüm ein wirklicher Fortschritt wäre. Ich beschließe, ihn zurückzurufen, um ihm gehörig den Kopf zu waschen, muss aber enttäuscht feststellen, dass in der Liste der Anrufe im Display nur »anonym« steht. Vielleicht besser so, Regel Nummer zwei besagt schließlich: Der Weihnachtsmann ist immer fröhlich.

Notgedrungen widme ich mich meiner eigentlichen Bestimmung, der Internetseite unserer Firma: www.schreib-dem-weihnachtsmann.de. Unter dieser URL kann man seine Weihnachtswünsche auf den virtuellen Wunschzettel schreiben. »Der Weihnachtsmann antwortet garantiert allen, die an ihn glauben«, verspricht die Startseite. Dummerweise bin ich heute der besagte Weihnachtsmann. Ich scrolle mit dem Mausrad ein wenig nach unten, um mir einen ersten Überblick zu verschaffen. Ich drehe immer hektischer am Rad, bis mein Zeigefinger schmerzt, doch ich komme einfach nicht am Ende der Liste an. Scheinbar ist niemand auf der Welt wunschlos glücklich.

Ich seufze und fange ganz oben an zu lesen:

»Lieber Weihnachtsmann, ich wünsche mir zu Weihnachten …

… einen neuen, größeren Mann, weil mein Stefan nicht treu sein kann. (Jutta)

… ein Telefonat mit meiner Omi im Himmel (Annabelle)

… dass ich das Examen bestanden habe. (Peter)

… einen HD-Plasmafernseher und eine Stereoanlage mit mächtig Rums. Und ein Überraschungsei, wenn es nicht zu viel verlangt ist! (Ernst)

… ein Pony, das sprechen kann. Oder einen Freund. (Dragongirl)

… dass ich wieder laufen kann. (Dominik)

… dass er meinen Heiratsantrag mit ›Ja‹ beantwortet. (SuesseMaus)

… den neuen Audi und das nötige Kleingeld, um ihn betanken zu können. (Arne Alexander)

… eine Anleitung zum Männerverstehen. (Serenity31)

… dass der FC Bayern absteigt. (Patrick)

… dass es dich gibt und du meinen einjährigen Sohn wieder gesund machen kannst. (Dreamcatcher73)

…nen Sechser im Lotto. Oder nen Dreier mit Clooney und Pitt. (Sexy Hexi)

… dass ein bestimmter Junge aus meiner Klasse mich fragt, ob ich mit ihm gehen will. Du weißt schon, wer! (Babsi)

… mehr Zeit. Ich will noch nicht gehen. (Alfons)

…«

Und das war nur der Anfang. Mitten im Beantworten der E-Mails schrecke ich hoch. Ein Blick auf die Kuckucksuhr an der Wand zeigt mir, dass ich fast meinen ersten Auftritt verpasst hätte. Ich versuche, mich schneller in den Weihnachtsmann zu verwandeln als Clark Kent in Superman. Dabei geht allerdings die Rentier-Glasskulptur neben dem Drucker zu Bruch, weil ich im Stolpern über meine roten Hosenbeine zu spät bemerke, dass eine Hirsch-Miniatur als Haltegriff denkbar ungeeignet ist. Mein Chef wird toben! Das Rentier war ein Geschenk des Oberbürgermeisters als Dankeschön für einen privaten Auftritt – was dem Präsent in den Augen meines politisch passionierten Oberweihnachtsmannes den Stellenwert einer Oscar-Statue verlieh.

Wenn ich Glück habe, hat der Oberbürgermeister das gute Stück beim Weihnachtsmarkt vor dem Rathaus erstanden. Ich beschließe, im Vorbeigehen nach einem Ersatz für den Scherbenhaufen zu suchen.

Als ich das Haus verlasse, ist es draußen schon dunkel. Der Schnee fällt noch genauso ungestüm vom Himmel wie vor Stunden. Meine weiße Perücke liegt so tief in der Stirn, dass sie mein Blickfeld zusätzlich einschränkt. Ich fühle mich wie ein Ritter, der zum ersten Mal durch das Visier eines Turnierhelmes blickt.

Watteweiche Kälte benetzt meine Wangen, und ich spüre, wie meine Backen sofort anfangen, zu glühen. Umso besser, so habe ich gleich die standesgemäße Gesichtsfarbe. Regel Nummer drei: Nur ein authentischer

Weihnachtsmann … blabla. Authentisch sein würde allerdings noch mehr Spaß machen, wenn man dabei nicht so frieren müsste.

Als ich auf der Suche nach gläsernen Rentieren über den Weihnachtsmarkt haste, bemerke ich einen kleinen Jungen, der zu seiner Mutter aufsieht und mit enttäuschter Stimme fragt: »Und es ist ganz, ganz sicher, dass der Weihnachtsmann mir keine Digitalkamera bringt?«

»Ach, Mario. Es tut mir so leid für dich.« Die Mutter schaut ihren Jungen traurig an.

»War ich nicht brav genug?«

»Doch, du warst sogar sehr brav.« Sie streicht ihm sanft eine Strähne aus der Stirn.

»Weiß der Weihnachtsmann nicht, wie gern ich fotografieren würde?«

»Doch. Aber der Weihnachtsmann …« Sie seufzt und nimmt seine Hand. »… kann sich das momentan nicht leisten.«

»Ist der Weihnachtsmann auch arbeitslos?«, fragt der Junge überrascht. »Hast du ihn auf dem Arbeitsamt getroffen?«

Die Mutter schaut, auf der Suche nach einer passenden Antwort, hilflos umher.

Plötzlich ruft Mario: »Mama! Da ist er ja!«

Ich winke, und er winkt strahlend zurück. Auch seine Mutter lächelt mich an, aber es liegt eine bittersüße Wehmut in ihrem Lächeln. Mario dreht sich noch ein paar Mal nach mir um, bevor die beiden im Strom der Passanten verschwinden. Seinen Blick werde ich nie vergessen. Er erinnert mich an Pauls leuchtende Augen, als ich letztes Jahr den Weihnachtsmann für ihn spielte.

Ich werde angerempelt und drehe mich um. »He, Alter, pass doch auf!« Vor mir steht ein Jugendlicher, dessen viel zu weite Hose aussieht, als würde ihm der Hosenbund jeden Moment in die Kniekehlen rutschen.

»Du glaubst wohl nicht mehr an den Weihnachtsmann?«, frage ich.

»Voll nicht! Dafür bin ich schon endslang zu alt!«

»Man ist nie zu alt, um an den Weihnachtsmann zu glauben.«

Ohne auf mein Argument einzugehen, mustert er mich mit einem frechen Grinsen. »Was machst du eigentlich im Sommer, Weihnachtsmann? Diät? Umschulung auf Osterhase? Oder lässt du dich da einfrieren wie der Ötzi?«

»Ne«, sage ich gelassen. »Da bin ich in Kopenhagen.«

Der Jugendliche runzelt die Stirn. »Ey, willst du mich verarschen?«

Ich schüttle energisch den Kopf. »Der Weihnachtsmann verarscht niemanden. Und der Weihnachtsmann ist immer fröhlich.« In meinen künstlichen Bart murmle ich noch: »Sogar, wenn er mit Leuten wie dir reden muss.«

»Was?«

»Nix.« Ich gehe weiter und versuche, die Nervensäge zu ignorieren, während ich Regel Nummer zwei immer wieder mantraartig wiederhole: Der Weihnachtsmann ist immer fröhlich.

Ich halte Ausschau nach Rentieren, doch die sind scheinbar ausgestorben.

Der Junge schließt auf und geht neben mir her. »Was is'n in Dänemark?«

»Der alljährliche Santa-Claus-World-Congress. Da kommen die coolsten Weihnachtsmänner der Welt zusammen und …« Ich bemühe mich, meine Wortwahl meinem Gegenüber anzupassen. »… chillen.«

»Kein Scheiß, Alter?«

»Kein Scheiß, Junger.«

»Ey, ich google das!«

»Bitte?«

»Kennste Internet?«

»Klar.«

»Da schau ich nach, ob du mich verarscht!«

»Mach das. Und bestell dir bei der Gelegenheit gleich mal ne Hose in deiner Größe bei Ebay.«

»Du bist fett, Weihnachtsmann«, sagt mein wissbegieriger Weggefährte, bevor er sich verzieht.

»Danke«, sage ich, aber mein Wort geht unter im stimmgewaltigen Auftritt eines Kinderchors: »Stille Nacht, heilige Nacht. Alles schläft, einsam wacht nur das traute hochheilige Paar …«

Meine Suche nach einem Ersatz für die zerbrochene Skulptur bleibt erfolglos. Abgesehen von einer Klobrille mit Nussknacker-Motiv und einem aufblasbaren

Gummi-Weihnachtsbaum mit aufgemalten Christbaumkugeln. Nicht zu vergessen ein Stoff-Eisbär mit Engelsflügeln, der »Stille Nacht« singt, wenn man ihm auf den Bauch drückt. Obwohl ich mir sicher bin, dass meinem Chef auffallen wird, dass es sich hierbei nur um eine schlechte Replik seines gläsernen Rentiers handelt, erstehe ich den Weihnachtsbären, in der Hoffnung, ihn mit dieser Geste zumindest so weit zu besänftigen, dass er seine Rute nicht zückt.

Ich greife in die tiefe Tasche meines roten Mantels, um entsetzt festzustellen, dass ich im Eifer des Gefechts versäumt habe, den Stadtplan mitzunehmen. Dass ich langsam aber sicher schneeblind werde, macht es mir nicht leichter, die Adresse zu finden. Als ich endlich, mit einer Viertelstunde Verspätung, vor dem richtigen Hochhaus stehe, fällt mir der Name der Familie, die mich herbestellt hat, nicht mehr ein. Irgendwas mit Abend oder Morgen oder so.

Ich erinnere mich immerhin, dass es im zweiten Stockwerk war. Bei der römischen Ziffer II sind drei Klingeln. Die Nachnamen auf den beiden Klingelschildern wecken bei mir keine Erinnerungen. Dann kann die richtige also nur die Wohnung ohne Klingelschild sein. Ich fühle mich wie der Sherlock Holmes unter den Weihnachtsmännern, drücke auf den Knopf, warte auf das Summen und spurte die Treppen hinauf. Als ich oben ankomme, bin ich so außer Atem, wie es meinem fiktiven Alter entspricht.

Ich klopfe beherzt an die Tür. Eine Weile geschieht gar nichts, dann höre ich Schritte im Flur. Die Tür öffnet sich einen Spalt, und ich blicke in zwei dunkle Augen. Zwei sehr schöne dunkle Augen, soweit ich das in der Dunkelheit des Treppenhauses und unter meiner Perücke erkennen kann. Als sie mich erblicken, werden die schönen Augen weit aufgerissen.

Ein erstickter Schrei, dann geht die Tür langsam ganz auf.

Vor mir steht eine hübsche junge Dame. Ihr Pyjama ist so schwarz wie ihre langen, glatten Haare.

»Entschuldigung.« Sie lächelt mich verlegen an. »Sie haben mich erschreckt.«

»Soso, waren Sie etwa nicht brav?«, frage ich mit betont tiefer Stimme.

»Was?« Die junge Frau sieht mich an, als wäre sie unschlüssig, ob sie mir zuerst die Tür vor der Nase zuknallen oder schon vorher die Polizei rufen soll.

»Ein kleiner Scherz«, versuche ich, die Situation zu deeskalieren.

Sie mustert mich neugierig. Ich habe noch nie einen Erwachsenen erlebt, der einen Weihnachtsmann derart fasziniert angesehen hat.

»Sie sind ein Weihnachtsmann, richtig?«

»Falsch. Ich bin *der* Weihnachtsmann«, sage ich zwinkernd.

Die junge Dame lächelt schwach zurück.

Ich könnte auch schwach werden, wenn ich sie noch länger ansehe. Sie ist genau mein Typ, mit einem exotischen, südländischen Einschlag. Aber bestimmt kommt gleich ihr Gatte um die Ecke. Dieser Gedanke bringt mich unsanft zurück auf den Boden der Tatsachen und erinnert mich daran, warum ich hier bin.

»Entschuldigen Sie die Verspätung«, sage ich.

Sie sieht mich irritiert an.

»Es gab ein Problem mit meinem Rentier«, erkläre ich. Das ist nicht mal gelogen.

»Wollen Sie kurz reinkommen?«, bietet die junge Frau an.

Ich runzle die Stirn. »Natürlich.«

Sie führt mich ins Wohnzimmer. »Setzen Sie sich doch.«

Ich nehme auf der Couch Platz. Überrascht stelle ich fest, dass nichts darauf hindeutet, was für ein besonderer Abend heute ist. Ich betrachte den Gummibaum neben der Balkontür, der zwar ungeschmückt ist, dafür aber höhenmäßig mit einem Weihnachtsbaum mithalten könnte.

Sie setzt sich neben mich. So nah, dass ich bemerke, wie gut sie riecht.

Wir sitzen schweigend auf der Couch.

»Das ist ein schönes Lied«, sage ich, um das Schweigen zu brechen.

»Geh nicht.«

»Bitte?«

»So heißt das Lied übersetzt.« Sie schaut auf die Stereoanlage. *»Gitme.«*

Die Motive der Fotos an den Wänden tragen wenig zu weihnachtlich-winterlichen Gefühlen bei. Es sind allesamt Bilder von Sonnenuntergängen am Meer. Erst als ich meinen Blick von den Fotos löse, bemerke ich, dass die junge Frau mich beobachtet. Als unsere Blicke sich treffen, schauen wir schnell weg. Ich starre wieder auf den Gummibaum. Lange halte ich es jedoch nicht aus, bis mein Blick wieder ihre schönen Augen sucht. Auch sie sieht mich an.

Ich räuspere mich. »Wo ist er denn?«

Sie legt den Kopf leicht schief. »Wer, er?«

»Na, er! Ihr … Sebastian.«

»Mein Sebastian?« Ihre sinnlich geschwungenen Lippen formen ein unausgesprochenes Fragezeichen.

»Sie haben mich doch bestellt«, versuche ich, ihr auf die Sprünge zu helfen.

Meine hübsche Gastgeberin sieht mich verstört an.

Langsam frage ich mich, wer von uns beiden hier im falschen Film ist.

Plötzlich fällt mir der Nachname wieder ein, gleichzeitig mit einer Theorie. Wenn sie stimmt, habe ich ein Problem.

»Sie sind nicht Frau Morgenroth?«

Sie schüttelt den Kopf. »Mein Name ist Özlem. Özlem Yilmaz.«

Ich springe nervös auf. »Ihr Sohn heißt auch nicht Sebastian?«

»Ich habe keine Kinder.«

Ich lasse mich erschöpft wieder auf die Couch plumpsen. »Das ist hier aber wenigstens die Goethestraße?«

Wieder schüttelt Frau Yilmaz bedauernd den Kopf. »Schillerstraße.«

»Oh nein!«

Meine Hand fährt instinktiv in Richtung Weihnachtsmann-Mütze. Dann erinnere ich mich und halte inne: Nur ein authentischer Weihnachtsmann ist ein guter Weihnachtsmann. Im Umkehrschluss ist ein Weihnachtsmann, der sich die Perücke vom Kopf reißt, um sich die Haare zu raufen, ein schlechter Weihnachtsmann. Vor allem, wenn er auch noch Kinder enttäuscht, die auf ihn warten.

»Geht es Ihnen nicht gut?« Die schwarzhaarige Frau sieht mich besorgt an. »Darf ich Ihnen einen Tee anbieten?«

»Ja ... nein.« Ich stehe auf und schaue auf die Uhr. Eine halbe Stunde nach der vereinbarten Zeit. »Ich muss gehen.«

»Schade.« Sie begleitet mich zur Tür. »Ich habe Sie zwar nicht bestellt, aber ich hätte den Weihnachtsmann gern näher kennengelernt. Ich habe schon viel von Ihnen gehört.«

»Der Weihnachtsmann hätte Sie auch sehr gern näher kennengelernt.«

Mein Blick scheint unbewusst abgeschweift zu sein, denn ihre linke Hand nestelt am Kragen ihres Pyjama-Oberteils.

»Entschuldigen Sie meinen Aufzug«, sagt sie. »Ich wollte gerade ins Bett gehen.«

»Um diese Zeit?«, rutscht es mir heraus.

Sie reibt sich die Schläfen. »Ich hatte einen anstrengenden Tag im Krankenhaus.«

»Das tut mir leid. Was fehlt Ihnen denn?«

Sie lächelt. »Schlaf.«

Ich schaue sie fragend an.

»Ich bin Kinderärztin«, erklärt sie.

Kinder – das war mein Stichwort. Ich muss an den kleinen Sebastian denken, der schon seit einer halben Stunde auf den Weihnachtsmann wartet. »Ich muss los.«

»Es hat mich sehr gefreut, Herr ...«

»Weihnachtsmann«, helfe ich. Der Weihnachtsmann, so hat mein Chef mir eingebläut, verrät nie sein Inkognito. Denn nur ein authentischer Weihnachtsmann ist ... Andererseits habe ich heute schon so viel falsch gemacht, da kommt es darauf auch nicht mehr an.

»Martin«, sage ich.

»Herr Martin«, schmunzelt sie.

»Frau Ülmas«, schmunzle ich zurück.

»Yilmaz«, verbessert sie mich. Sie lehnt ihren Kopf gegen den Türrahmen, was so unverschämt sexy aussieht, dass mir der Abschied noch schwerer fällt. In meinem Jutesack muss ein Magnet sein, der mich wieder in diese Wohnung zieht.

»Oder einfach nur Özlem.«

»Das ist ein schöner Name«, sage ich und ertappe mich im nächsten Augenblick dabei, ganz tief in die unterste Schublade der verstaubten Flirtsprüche gegriffen zu haben. Aber ich meine, was ich sage.

»Ein kleiner Junge wartet auf mich«, sage ich, mehr zu mir selbst als zu Özlem.

Jetzt habe ich das Magnetfeld in der Wohnung lokalisiert! Es sind Özlems Augen. Ich reiße mich von dem Anblick los und mache mich auf den Weg. »Mach's gut, Özlem!«

»Mach's gut, Weihnachtsmartin!«

Schade, dass mir die Idee, ein Taxi zu nehmen, nicht schon früher kam. Wobei, so schade nun auch wieder nicht. Ich hätte sonst eine bezaubernde junge Frau mit Magnetaugen nicht kennengelernt.

»Sie sind eine Stunde zu spät«, begrüßt mich Frau Morgenroth mit einem manierierten Blick auf ihre Cartier-Uhr.

»Es gab ein Problem mit meinem Rentier.«

»Ach, sparen Sie sich die dummen Ausreden!«, herrscht Herr Morgenroth mich an.

Ich deute mit einer Kopfbewegung zu seinem Sohn. »Nicht vor dem Kind.«

»Wollen Sie sich in meine Erziehung einmischen?« Die Wangen von Herrn Morgenroth nehmen die Farbe meines Mantels an. »Sebastian soll ruhig lernen, dass man sich heutzutage auf niemanden verlassen kann. Nicht mal auf den Weihnachtsmann.«

Der Kleine winkt ab. »Das ist doch eh nicht der Weihnachtsmann!«

»Was muss ich denn da hören?«, sage ich. Zu spät merke ich, dass ich vor lauter Aufregung vergessen habe, meine Stimme zu verstellen. »Hast du denn ein Gedicht für den Weihnachtsmann?«

»Du bist nicht der Weihnachtsmann«, sagt der

Kleine. Seine Stimmte klingt kälter als ein Schneesturm.

»Na, wer soll ich denn sonst sein?«

»Ein verkleideter, dicker Student, der Kohle braucht.«

Am liebsten würde ich einfach abhauen. Dann kann Sebastian gleich lernen, dass man sich heutzutage auf niemanden verlassen kann. Aber ich soll mich ja nicht in die mangelnde Erziehung einmischen. Außerdem gibt es ja noch die goldene Regel: Der Weihnachtsmann ist immer fröhlich. Ho ho ho!

»Wenn du schon nicht an den Weihnachtsmann glaubst, vielleicht glaubst du ja wenigstens an Geschenke?« Ich hebe meinen Jutesack und lasse ihn vor Sebastian hin und her pendeln.

Der Junge starrt darauf wie ein Hypnose-Patient. Jetzt habe ich ihn so weit. Er stellt sich auf die Zehenspitzen, um in die Tüte zu schielen, doch ich halte sie fest verschlossen.

»Gib her.« Sebastian reißt mir den Sack aus der Hand, bevor ich mich wehren kann.

»Ganz der Vater«, sage ich, wohl wissend, dass mich dies um mein Trinkgeld bringen wird. Egal, ich will einfach nur weg von Familie Munster.

»Was soll ich denn mit einer dämlichen Digitalkamera!« Sebastian kickt die Schachtel, aus der er sein Geschenk gepackt hat, mit dem Fuß um. »Ich hab doch schon eine im Handy eingebaut!«

»Das ist eine Digitalkamera?«, frage ich dämlich. Ich muss an den kleinen Mario und seine Mutter denken, die ich auf dem Weihnachtsmarkt kennengelernt habe.

»Was denn sonst?« Sebastian rollt mit den Augen.

»Und die brauchst du nicht?«

Sebastian nickt genervt. »Blitzmerker.«

Mag sein, dass ich ein wenig schwer von Begriff bin. Aber als ich die Sachlage umrissen habe, geht alles ganz schnell. Ein letzter Blick auf Familie Munster, dann weiß ich, was ich zu tun habe.

»Sind Sie verrückt geworden!«, plärrt mir Herr Morgenroth hinterher. »Ich rufe die Polizei! Sie werden nie wieder als Weihnachtsmann arbeiten, dafür werde ich sorgen!«

»Ich bringe Ihnen morgen das Geld«, schreie ich zurück. »Sie haben mein Wort als Weihnachtsmann!«

Dass Leute mir hinterherschauen, bin ich schon den ganzen Tag gewohnt. Doch jetzt stelle ich fest, dass es etwas gibt, was noch mehr Aufmerksamkeit erregt als ein Weihnachtsmann: ein Weihnachtsmann, der mit einer Digitalkamera in der Hand durch die ganze Stadt läuft, verfolgt von einem tobenden Familienvater.

Der Weihnachtsmarkt hat natürlich schon längst zu, und von Mario und seiner Mutter fehlt jede Spur.

Als ich Herrn Morgenroth endlich abgeschüttelt habe, lehne ich mich an die Holzwand eines Glühwein-Standes und ringe nach Luft. Während ich dabei zusehe, wie mein Atem kleine Wölkchen in die Luft malt, frage ich mich, ob er recht haben könnte. Vielleicht bin ich wirklich verrückt geworden. Ich mache oscarreife Rentiere kaputt, pöble Jugendliche an, erschrecke Ausländerinnen und klaue Kindern ihre Weihnachtsgeschenke. Ich bin, alles in allem, der schlechteste Weihnachtsmann der Welt. Auf dem Santa-Claus-World-Congress würde man Typen wie mich ausbuhen, mit Lametta fesseln und mit Tannenzapfen bewerfen.

»Mama, schau! Da ist schon wieder der Weihnachtsmann!«

Ich erkenne die Stimme sofort. Die Worte meines Chefs klingen in meinem Kopf: *Denk immer daran, Martin: Es passiert im Leben immer das, woran du glaubst.* Ob Mario hier ist, weil ich mir gewünscht habe, ihn zu finden? Ich drehe mich um und sehe in seine lachenden Augen.

»Ich habe ein Geschenk für dich.« Ich strecke Mario die kleine silberne Kamera entgegen. »Weil du dieses Jahr so brav warst und deine Mutter so glücklich gemacht hast.«

Ich weiß gar nicht, wer von den beiden mich ungläubiger ansieht. Als ich Mario und seine Mutter anschaue, weiß ich, dass ich heute doch nicht alles falsch gemacht habe. Ich habe noch nie so viel stille Dankbarkeit in den Augen von Menschen gesehen.

»Wer sind Sie?«, fragt Marios Mutter. So leise, dass ihr Sohn es nicht hören kann.

Ich beuge mich zu ihr hinab und flüstere ihr meine Antwort ins Ohr, als wäre sie ein Geheimnis. »Ich bin der Weihnachtsmann.«

»Hast du eine E-Mail-Adresse, Weihnachtsmann?«, will Mario wissen.

Ich zögere kurz, weil ich mich nicht genau erinnere. Dann schreibe ich auf einen Zettel: *weihnachtsmann@schreib-dem-weihnachtsmann.de*.

»Ich werde dir immer meine besten Fotos schicken, Weihnachtsmann!«, strahlt Mario.

»Versprochen?«

Er nickt eifrig und macht sein erstes Foto. Darauf zu sehen ist ein dicker Mann mit falschem Bart in einem roten Mantel, der gegen Tränen der Rührung ankämpft.

»Danke, Weihnachtsmann«, flüstert Marios Mutter zum Abschied und drückt mich noch einmal. »Seit heute glaube ich wieder an dich.«

Ich beschließe, trotz der Kälte zu Fuß nach Hause zu gehen. Mir geht so viel im Kopf herum, dass mir ein Spaziergang guttun wird. Jeder Schritt bringt mich weiter weg von der Türkin, die gesagt hat, ich solle nicht gehen. Auch wenn sie nur das Lied gemeint hat, das im Hintergrund lief.

Erst jetzt bemerke ich, dass es aufgehört hat zu schneien. Frau Holle hat ganze Arbeit geleistet. Die Stadt sieht aus, als würde ich durch einen Schwarz-Weiß-Film spazieren.

Eigentlich war vereinbart, dass ich mein Weihnachtsmannkostüm nach der Arbeit zurück zur Agentur bringe, aber dazu habe ich keine Lust. Auf diesen kleinen Fauxpas kommt es nach diesem chaotischen

Tag auch nicht mehr an. Wenn ich meinem Chef morgen alles beichte, wird er mich im nächsten Jahr sicher nicht noch mal engagieren, das ist klar. Komischerweise bin ich trotzdem gut gelaunt. Ich atme tief die erfrischend kühle Luft ein. Ich kann mich nicht erinnern, wann ich mich das letzte Mal so lebendig gefühlt habe.

Lebendig sein, macht hungrig. Ich sehe ein Licht an der Straßenecke und beschließe, noch schnell in der Döner-Bude einzukehren.

»Es ist mir eine Ehre.« Der türkische Wirt zwinkert mir zu. Als ich einen Döner bestelle, meint er: »Der geht aufs Haus! Ein Geschenk für den Nikolaus.«

»Weihnachtsmann«, korrigiere ich.

Der Mann hört auf, Fleisch vom Drehspieß zu schneiden. »Was ist der Unterschied?«

»Der Nikolaus ist ... Ach, das ist kompliziert.«

»Und du bist zu müde für kompliziert?«

Ich nicke schwach. Der Döner-Koch hat eine der wichtigsten Eigenschaften, die ein Weihnachtsmann braucht: Menschenkenntnis.

Der einzige andere Gast, ein hagerer alter Mann in einem zerknitterten grauen Anzug, schenkt mir keine Aufmerksamkeit. Er isst stumm sein Börek und blickt nur gelegentlich auf, um das Bild in dem Klapprahmen zu betrachten, das er auf den runden Bistro-Tisch gestellt hat.

Ich setze mich neugierig an einen Platz am Tresen, der mir gestattet, einen Blick auf das Foto zu werfen.

Es ist ein Schwarz-Weiß-Porträt einer hübschen Dame. Ihrer Mode und Frisur nach zu urteilen, schätze ich, die Aufnahme wurde in den fünfziger Jahren gemacht.

Mit einem herzlichen Lächeln serviert mir der Wirt meinen Döner.

»Afiyet Olsun, Niko … Weihnachtsmann.«

»Danke«, sage ich, weil ich annehme, dass er mir einen guten Appetit wünscht.

Als der alte Mann aufgegessen hat, klappt er den Bilderrahmen zusammen und steckt ihn in die Außentasche seines Jacketts.

»Sie haben Ihre Frau sehr geliebt«, sage ich, als er schon fast an der Tür angekommen ist. Es sollte eigentlich eine Frage werden, aber es klingt wie eine Feststellung.

Der Alte dreht sich langsam um. »Kennen wir uns?«

»Na ja … Ich bin der Weihnachtsmann.«

Er versucht, zu lächeln, aber man merkt, dass er aus der Übung ist.

»Frohe Weihnachten«, sage ich, als der alte Mann die Tür öffnet.

»Das ist sehr nett von Ihnen«, sagt er, die Klinke in der Hand. »Aber seit meine Frau tot ist, ist der Heilige Abend für mich ein Abend wie jeder andere.«

Er verlässt das Restaurant, bevor ich etwas erwidern kann.

Die letzten Worte des alten Mannes hängen noch im Raum, als er schon längst weg ist.

»Özlem ist ein schöner Name«, murmle ich.

Der Kebab-Koch sieht mich verwundert an. Dann stimmt er mir mit einem Nicken zu. »Özlem heißt Sehnsucht.«

»Sehnsucht«, wiederhole ich.

»Sehnsucht«, wiederholt auch er und schaut auf das vergilbte Foto über der Mikrowelle. Ein weißes Haus am Strand, auf der Veranda drei lachende Kinder und eine hübsche, dunkelhaarige Frau mit einer Angel in der Hand.

»Und Ülmas?«, frage ich.

»Ülmas?« Der Wirt runzelt die Stirn.

»Ja, was bedeutet das?«

»Ah!« Er grinst. »Du meinst Yilmaz!« Er schaut auf die Uhr, schaltet den Motor des Dönerspießes aus und wischt sich die Hände an seiner Schürze ab. Dann nimmt er auf seinem Hocker Platz, um mir gegenüber zu sitzen. »Das ist der häufigste türkische Nachname. So wie bei euch Maier oder Müller.«

»Sehnsucht Müller«, sage ich laut. »Ein sehr schöner Name. Und eine sehr schöne Frau mit Zauber-Augen.«

»Du hast Sehnsucht nach Sehnsucht Müller, Weihnachtsmann?«

Ich schaue ihn lange an, denke daran, wie kompliziert mein Leben wurde, als ich mich das letzte Mal nach einer Frau sehnte. Dann sage ich: »Ja.«

»Was machst du dann noch hier?«

Eine gute Frage. Sie ist sogar so gut, dass mir keine Antwort einfällt. Jedenfalls keine bessere als: »Danke für den Döner. Und für alles!«

Kurz darauf stehe ich vor der Tür von Sehnsucht Müller. Diesmal erschrickt sie nicht.

»Wo kommst du denn her?«

»Vom Himmel hoch, da komm ich her.«

»Und das soll ich glauben?«

»Man ist nie zu alt, um an den Weihnachtsmann zu glauben.«

Sie lächelt und führt mich ins Wohnzimmer.

»Du hast mich wohl erwartet«, stelle ich fest, als ich ihr folge und dabei die Aussicht genieße, die ihr tiefer Rückenausschnitt gewährt.

»Wie kommst du denn auf die Idee?« Sie dreht sich um und grinst mich neckisch an.

»Als wir uns zum ersten Mal sahen, hattest du einen Pyjama an und wolltest schlafen. Und jetzt trägst du dieses Abendkleid … Ein sehr aufregendes Abendkleid, nebenbei bemerkt.«

Sie tut so, als hätte sie mein Kompliment überhört, aber mir entgeht nicht, dass der Hauch eines Lächelns ihre Lippen umspielt.

Wir setzen uns auf die Couch. Als sie die Beine übereinanderschlägt, gibt der Schlitz ihres schwarzen Kleides einen aufregenden Blick auf ihre langen Beine frei.

»Schon komisch, dass ausgerechnet wir Türken kein Weihnachten feiern«, sagt Özlem und schenkt Rotwein in zwei Gläser. »Wo doch der Weihnachtsmann in unserem Land geboren wurde.«

»Der Nikolaus«, korrigiere ich.

»Was ist der Unterschied?«

»Ach, das ist kompliziert.«

Özlem sieht mich an, als würde ihr diese Antwort nicht genügen. »Erzähl.«

»Was willst du denn über den Weihnachtsmann wissen?«

»Über den Weihnachtsmann Martin? Alles.«

»Du sprichst übrigens sehr gut deutsch«, stelle ich fest.

»Du auch.« Sie lächelt. »Ich bin hier geboren.«

»Und Türken feiern kein Weihnachten?«

»Weihnachten kannte ich nur aus dem Kindergarten.« Sie schaut aus dem Fenster. »Eine ganze Weile dachte ich, immer wenn ich einen Weihnachtsbaum durch die Fenster der gegenüberliegenden Hochhäuser sah: Da wohnt bestimmt eine Kindergärtnerin.« Ein Anflug von Melancholie mischt sich in ihr Lächeln. »Mein Vater war gegen Weihnachten. Und gegen Weihnachtsbäume. Für ihn war der Heilige Abend ein Abend wie jeder andere.«

»Deshalb bin ich hier«, sage ich. »Mir ist plötzlich klar geworden: Ich will nicht, dass der Heilige Abend endet wie jeder andere.«

»Das freut mich.« Sie schaut nachdenklich auf ihren Gummibaum. »Eigentlich könnte ich langsam mal einen Weihnachtsbaum aufstellen. Meine Eltern sind vor zehn Jahren zurück in die Türkei gegangen.«

»Ohne dich?«

»Erst bin ich mitgekommen.« Ihr Blick streift kurz die Fotoausstellung zum Thema Sonnenuntergänge an der Wand. »Weil ich herausfinden wollte, wo ich hingehöre.«

»Hast du es herausgefunden?«

Sie schüttelt den Kopf. »Nicht wirklich. Ich bin bis heute getrieben von einer Sehnsucht nach Heimat.«

»Bei mir war es genau anders herum. Mich hat immer die Sehnsucht nach der Fremde angetrieben. Deswegen wurde ich Schiffskoch auf einem Kreuzfahrtschiff.«

»Das klingt spannend.«

»Es war auch spannend. Aber es hat mich alles gekostet. Meine Ehe und meinen Sohn.« Ich sehe Paul vor mir. »Meine Frau meinte, ich sei mit der See verheiratet. Sie zog mit Paul zu einem anderen Mann. Und bat mich, den Kontakt zu meinem Sohn abzubrechen, damit der Junge sich leichter an die neue Situation gewöhnen könnte.« Ich bemerke, dass meine Kiefermuskulatur sich verkrampft. »Dass ich mich darauf eingelassen habe, war der größte Fehler meines Lebens.«

Plötzlich habe ich eine Idee. »Hast du Lametta?« Im selben Augenblick denke ich: Blöde Frage, warum sollte eine Türkin, die nicht Weihnachten feiert, Lametta zu Hause haben.

»Klar«, sagt sie, steht auf und geht zur Kommode.

»Klar?«

»Vom letzten Silvester.« Als sie mir das Lametta überreicht, berühren sich kurz unsere Hände. Ich habe Schmetterlinge im Bauch.

»Perfekt«, sage ich und beginne, den Gummibaum mit den Silberstreifen zu behängen.

Zufrieden stelle ich mich vor das Ergebnis und schaue Özlem erwartungsvoll an.

Sie lächelt so warmherzig, dass jeder Schneemann bei diesem Anblick schmelzen würde. »Das ist der schönste Weihnachtsbaum, den ich je gesehen habe.«

Sie gibt mir einen Kuss auf die Stirn. Als sie mit der Fernbedienung eine CD startet, stehe ich noch immer unter süßem Schock.

»Seltsam«, sagt sie leise, während sie sich wieder neben mich setzt. »Ich kenne dich erst einen halben Abend und denke mir: Ich werde dich vermissen, wenn du das nächste Mal zur See fährst.«

»Du musst keine Sehnsucht nach mir haben«, grinse ich. »Meine Küche schwankt mittlerweile nicht mehr.«

Sie blickt mich neugierig an.

»Ich habe ein Restaurant aufgemacht, unten am Hafen«, erkläre ich.

»Und ausgerechnet am Heiligen Abend lässt du es unbeaufsichtigt?«

»Es ist bei meinem Maître in besten Händen.« Ich schenke uns Wein nach. »Und ich finde, einmal im Jahr habe ich mir einen Tag Urlaub verdient.«

»Aber ausgerechnet an Weihnachten?«

Ich nicke ernst. »Ausgerechnet an Weihnachten«, sage ich gedankenverloren. »Die Art, wie mein Junge mich ansah, als ich den Weihnachtsmann für ihn spielte, ist der Grund, warum ich heute dieses Kostüm trage.« Ich zwinge mich zu einem Lächeln und hebe mein halbvolles Weinglas. »Auf dein Klingelschild!«

Sie runzelt die Stirn. »Mein Klingelschild?«

»Ja! Denn nur weil es nicht beschriftet war, haben wir uns kennengelernt«, erkläre ich.

»Oder weil es der Nikolaus so wollte.« Als sie bemerkt, dass ich sie korrigieren will, schiebt sie nach: »Ja ja, der Weihnachtsmann, ich weiß.«

»Wenn es dich wirklich interessiert, erkläre ich dir den Unterschied.«

»Gern. Aber nicht heute.« Sie beugt sich langsam vor, und ich werde nervös, weil mir klar ist, dass sie mich jetzt küssen will. »Heute interessieren mich andere Dinge mehr.«

Sie kommt noch näher, doch anstatt mich zu küssen, nimmt sie ihr Glas. So viel zu meiner Menschenkenntnis!

»Serefe, Weihnachtsmann!«, sagt sie.

»Prost, Sehnsucht!«, sage ich und stoße an.

Süßer die Gläser nie klingen.

Özlem und ich hören türkische Musik, schauen von der Couch aus immer wieder zu unserem Weihnachtsgummibaum und reden über Gott und die Welt. Beziehungsweise Allah und die Welt. Irgendwann werden wir beide still und blicken uns tief in die Augen.

Dann haucht sie in mein Ohr »Gitme.«

Ich verstehe kein Wort, aber es klingt unheimlich sexy.

»So heißt dieses Lied«, beantwortet Özlem meinen fragenden Blick. Jetzt erinnere ich mich. Es ist das Lied, das wir schon heute Nachmittag gehört hatten.

»Geh nicht«, sagt sie.
»War das eine Übersetzung oder eine Bitte?«
»Beides.«

Es wurde kein Abend wie jeder andere.

Kim Schneyder

Mach's noch mal, Liebling

Ich

23. Dezember, 11 Uhr 58
»Sandra, wir haben ein Problem!« Kerstin hält den Telefonhörer noch in der Hand und klingt ganz aufgeregt.

»Was denn für ein Problem?« Ich balanciere gerade auf einem wackeligen Stuhl und versuche seit geraumer Zeit, einen Tannenzweig an der höchsten Lampe mitten im Raum zu befestigen. Ein schwieriges Unterfangen, das durch die wild herumtobenden Kinder nicht gerade einfacher wird.

Aber wer will ihnen verdenken, dass sie aufgedreht sind, steht doch der Besuch des Weihnachtsmannes direkt bevor.

Als wäre mein Gedanke das Stichwort, sagt Kerstin: »Der Weihnachtsmann hat gestern einen Eisbrocken auf die Rübe gekriegt und leidet an totaler Amnesie.«

»Wie bitte?!« Ich lasse den Tannenzweig Tannenzweig sein und klettere vorsichtig von meinem Stuhl.

Auch das Kindergekreische ist schlagartig verstummt, als das Wort »Weihnachtsmann« fiel, und die kleine Aisha fragt mit großen Augen: »Was ist mit dem Weihnachtsmann? Ist er krank?« Kaum hat sie die Worte ausgesprochen, beginnen sich ihre Augen auch schon mit Tränen zu füllen.

»Haste doch gehört«, mischt sich Sebastian mit wichtiger Miene ein, »Er hat Schweißsocken auf die Rübe gekriegt und jetzt frontale Anämie!«

»Den könnt ihr vergessen«, gibt jetzt auch noch Thomas mit wissendem Nicken seinen Kommentar dazu ab, »Schweißsocken *und* brutale Agonie zusammen, das hält keiner aus.«

Sofort setzt ein Jammern und Heulen ein, und die Kleinen beginnen zu weinen.

Gut gemacht, Kerstin, ganz große Klasse. Es gleich durch den ganzen Raum zu brüllen, dass der Weihnachtsmann ... *was* für ein Problem hat der überhaupt?!

»Kinder ... *Kinder*!«, rufe ich, während ich gegen einen Anflug von Panik ankämpfe. »Beruhigt euch! Der Weihnachtsmann ist *nicht* krank, der kann gar nicht krank werden, weil er ... der Weihnachtsmann ist, und er wird pünktlich um ...« – ich linse schnell auf meine Uhr – »... Mist ... äh ... mit *Sicherheit* in einer Stunde da sein!«

Die Kinder mustern mich teils hoffnungsvoll, teils misstrauisch.

»Bist du dir sicher, Tante Sandra?«, schnieft Leonie.

»Ja, bin ich, ganz sicher sogar«, beeile ich mich zu

sagen. »Vorausgesetzt, ihr seid brav, natürlich. Das heißt, ihr müsst jetzt noch aufräumen, während Tante Kerstin und ich in die Teeküche gehen und … ähm … dort aufräumen.«

Ich bedeute Kerstin mit strengem Blick, mir zu folgen. Als wir in der Teeküche sind, schließe ich hastig die Tür hinter uns.

»Kerstin, was fällt dir ein, vor den Kindern auszuposaunen, dass der Weihnachtsmann … was hat der schnell noch mal?«

»Tut mir leid, Sandra, ich weiß, das war doof, aber ich war selbst so überrascht …« Mit einer hilflosen Geste lässt sie sich auf einen Stuhl sinken.

Ich setze mich zu ihr und schaue ihr in die Augen. »Jetzt erzähl: Was war los?«

»Ich weiß, das klingt total verrückt, aber wenn ich die von der Agentur richtig verstanden habe, dann ist ihm ein Eisbrocken auf den Kopf gefallen …«

»Ein Eisbrocken?«, falle ich ihr ins Wort. »Aber wie kann einem ein so großer Eisbrocken auf den Kopf fallen, dass man davon Gedächtnisschwund bekommt?«

»Das ist ja das Seltsame an der Geschichte: Als die Sanitäter ihn abtransportierten, bemerkten sie, dass er irgendwie … schlecht roch, und die Ärzte im Krankenhaus meinten dann, das sei wohl ein Fäkalmeteorit gewesen …«

»Ein *was*?!«

»Ein Fäkalmeteorit«, erklärt Kerstin konzentriert, als würde sie mir einen wissenschaftlichen Vortrag halten. »Der entsteht, wenn Flugzeuge ihre Toiletten ablassen, da bilden sich manchmal Eisklumpen, und wenn die entsprechend groß sind, dann nennt man sie so.«

»Du willst doch wohl nicht sagen, dass ausgerechnet unserem Weihnachtsmann ein gefrorener Haufen … ich meine … das Zeugs, dass die Leute in Flugzeugen … also echt, Kerstin … nee, das gibt's doch gar nicht!«

Kerstin nickt ernst, und für ein paar Sekunden schweigen wir. Dann sehe ich das verräterische Zucken an ihren Mundwinkeln, und im nächsten Moment prusten wir beide los.

Als wir uns wieder halbwegs eingekriegt haben, höre ich plötzlich ein schabendes Geräusch an der Tür. Ich springe hoch, reiße sie auf und sehe gerade noch, wie Thomas um die Ecke verschwindet.

»Wer war das? Mistkäfer-Thomas?«, fragt Kerstin.

»Wer sonst?« Ich vergewissere mich, dass sich nicht noch jemand auf dem Gang herumtreibt, dann schließe ich die Tür wieder.

»Hoffentlich hat er nicht zu viel mitgekriegt, sonst versetzt er die Kleinen gleich wieder in Panik«, sagt Kerstin mit besorgter Miene.

»Wenn ja, werden wir's gleich erfahren.«

Wir lauschen ein paar Sekunden, doch alles bleibt ruhig. Erleichtert atmen wir auf.

»Also gut, was machen wir jetzt?«, frage ich mit gedämpfter Stimme. »Unser Weihnachtsmann hat also totale Amnesie …«

»… ja, und außerdem riecht er streng, das heißt, den könnten wir sowieso nicht mehr nehmen«, sagt Kerstin, und wir müssen schon wieder kichern.

»Und was haben die von der Agentur gesagt? Haben sie keinen Ersatz?«

Kerstin schüttelt den Kopf. »Keine Chance. Es war schon schwer genug, überhaupt einen zu kriegen. Du weißt ja, wie spät wir heuer dran waren.«

Ich nicke frustriert und gucke wieder auf meine Uhr. »Verdammter Mist, Kerstin, uns bleibt nur noch eine knappe Stunde. Was sollen wir tun?«

»Wie brauchen Ersatz, so viel steht fest«, wiegt Kerstin nachdenklich den Kopf.

»Was meinst du, ob dieser Schauspieler vom letzten Jahr vielleicht Zeit hätte?«, schlage ich vor.

Sicher nicht die beste Lösung – das war so ein blasiertes Bürschchen, der den Kindern vor der Geschenkeverteilung noch unbedingt einen Shakespeare-Text vortragen wollte –, aber in unserer Not besser als nichts.

Aber Kerstin schüttelt schon wieder den Kopf. »Ich glaube nicht, dass der sich noch für so was hergibt. Soviel ich gehört habe, hat der jetzt ein festes Engagement bei den Vereinigten Bühnen.«

»Echt?«, sage ich überrascht. Soweit ich den in Erinnerung habe, war der grottenschlecht, und eine Stimme hatte er, da hätte man eher auf einen Elf getippt als auf den Weihnachtsmann. »Wen spielt er denn da? Den Hamlet?«

»Nein, die Ophelia, soviel ich weiß«, sagt Kerstin bierernst, und ich muss schon wieder kichern.

»Okay, der scheidet also auch aus. Aber das Kostüm, das haben wir doch noch, oder?«

Jetzt nickt Kerstin. Endlich einmal. »Das ist noch da, mit allem Drum und Dran.«

»Dann brauchen wir doch nur jemanden, der eine tiefe Stimme hat und ein bisschen Respekt einflößend ist.«

»Hm.« Kerstin legt nachdenklich die Stirn in Falten, und wir denken angestrengt nach.

»Ich hab's«, ruft Kerstin plötzlich aus. »Wir nehmen Selim!«

»Selim, unseren Hausmeister?«

»Ja, sicher, der hat doch eine tiefe Stimme, und groß ist er auch.«

»Ich weiß nicht«, sage ich skeptisch, »die Älteren würden den doch sofort an seinen Augen erkennen, und mit seinem Akzent könnte er vielleicht Dschingis Khan spielen, aber doch nicht den Weihnachtsmann.«

»Auch wieder wahr.« Kerstin wirkt ein bisschen enttäuscht.

Wir sinken wieder in uns zusammen und brüten weiter.

»Sandra, das ist es!«, ruft Kerstin auf einmal aus, und vor lauter Begeisterung schlägt sie sich vor den Kopf und springt gleichzeitig von ihrem Sessel hoch. »Dass wir da nicht gleich drauf gekommen sind!«, sagt sie mit glänzenden Augen.

»Wow, das muss ja eine Bombenidee sein«, sage ich beeindruckt und merke, wie mich ihre Begeisterung ansteckt. »Sag, wer ist es?«

»Es ist Martin, *dein* Martin!«, ruft sie so salbungsvoll aus, dass es mich nicht gewundert hätte, wenn sie »der *heilige* Martin« gesagt hätte.

»Martin?«, echoe ich erstaunt.

»Aber klar doch, der hat sich doch auch damals um die Kinder gekümmert, als du in der Patsche gesteckt hast, und er ist super zurechtgekommen mit ihnen. Und überhaupt, für einen Rechtsanwalt ist so ein bisschen Text vor einer Kindergruppe doch ein Klacks!«

»Grundsätzlich schon, aber diese Gruppe besteht auch aus Thomas, Sebastian und Norman«, wage ich noch einen Einwand.

»Völlig egal, Sandra«, fuchtelt Kerstin mit ihren Armen herum, »wenn Martin es damals geschafft hat – was mich übrigens immer noch wundert –, dann wird es doch heute umso leichter für ihn. Vergiss nicht, er ist der Weihnachtsmann! Die Kleinen werden ihn sowieso vergöttern, und die Großen wollen schließlich Geschenke von ihm. Also, was kann da schon schiefgehen?« Sie holt tief Luft. »Die Frage ist nur, ob er auch Zeit hat.«

»Also, Zeit müsste er eigentlich haben«, überlege ich. »Die Kanzlei ist über die Feiertage geschlossen, und für heute hatte er nur einen Einkaufsbummel auf dem Programm, soviel ich weiß.«

»Na, das ist doch perfekt. Los, ruf ihn an!«

»Hm, ich kann's ja mal versuchen.«

Während ich auf meinem Handy Martins Nummer wähle, überkommen mich auf einmal die Erinnerungen.

War schon eine verrückte Zeit damals. Die Krise, in der Martin und ich steckten, und dann dieser unerwartete Anruf vom Verlag.

Seitdem ist mehr als ein halbes Jahr vergangen, und doch kommt es mir vor, als wäre es erst gestern gewesen …

Im Frühling davor

So, jetzt habe ich erst mal meine Ruhe. Ich strecke die Füße von mir und blinzle träge in die Sonne.

War gar nicht so einfach heute. Kerstin hat sich einen grassierenden Virus eingefangen und muss zu Hause das Bett hüten, und wenn man die Gruppe ganz alleine beaufsichtigen muss, kommt man ganz schön ins Schwitzen. Aber den schwierigsten Teil des Vormittags habe ich jetzt hinter mir, und nachdem die Kinder ihre Jause verputzt haben, kann ich mich endlich dem gemütlichen Teil widmen: auf der Bank im Hof sitzen, den Kindern beim Spielen zusehen – und warten, bis die Zeit vergeht.

Schön ist das. Über mir sitzen ein paar Vögelchen im Baum und zwitschern vergnügt ihre Lieder. Richtig entspannend ist das.

Okay, ganz entspannt bin ich nicht. Die letzten Tage habe ich so ein Kribbeln im Bauch, das immer stärker zu werden scheint. Ein paar Dinge laufen nämlich nicht ganz so, wie ich es mir vorgestellt habe.

Mein Buch zum Beispiel. Wir haben jetzt Freitag,

was bedeutet, dass der Beckstein-Verlag mein Manuskript schon eine Woche im Haus hat. Eine ganze Woche! Ich meine, es sind doch nur läppische hundert Seiten! Wie lange kann eine vernünftige Lektorin denn brauchen, um die zu lesen? Sicher, sie hat es vielleicht noch an eine Kollegin weitergereicht, oder an Dr. Baumann, um eine zweite oder dritte Meinung einzuholen. Und wahrscheinlich gibt es dann auch noch das eine oder andere zu besprechen. Die Höhe der Erstauflage zum Beispiel, oder der Erscheinungstermin, und die Höhe des Vorschusses.

Ha, Vorschuss! Bei diesem Gedanken hebt sich meine Stimmung augenblicklich. Wie hoch der wohl ausfallen wird? Zehntausend? Oder mehr? Weniger? Oder womöglich gar nichts …?

Ich sinke wieder ein bisschen in mich zusammen. Jedenfalls haben die eine ganze Menge zu besprechen, das ist klar. Aber eine ganze Woche lang? Irgendetwas stimmt da nicht. Hm.

Ich nehme einen Schluck aus der Wasserflasche, die ich mir mitgebracht habe, dann scharre ich nachdenklich mit meiner Schuhspitze im Sand herum.

Abgesehen von meinem Buch gibt es noch ein anderes Problem. Mit meiner Beziehung. Ich bin mir nicht mehr so sicher, ob es eine gute Idee war, Martin das Pease-Buch zu zeigen. Am Anfang fand ich es ganz toll, dass wir jetzt beide wissen, wie der andere tickt, aber mittlerweile habe ich den Eindruck, dass er da was falsch versteht.

Diese Lagerfeuersache zum Beispiel. Ich weiß, er

braucht das, und er braucht auch seine Kumpels. Aber braucht er sie *jeden Tag*? Und wenn er dann nach Hause kommt, lässt er sich von vorne und hinten bedienen. Mir ist schon klar, dass es praktischer ist, wenn ich ihm die Sachen bringe, weil ich sie leichter finde. Aber er könnte zwischendurch doch wenigstens mal *versuchen*, sie selbst zu finden, nicht wahr?

Und wenn ich dann fix und fertig bin vom Hin- und Herflitzen zwischen Küche und Wohnzimmer und der restlichen Hausarbeit, will er auch noch Sex. Aber nicht etwa so wie früher, als er noch aufmerksam und zärtlich war, sondern irgendwie … mechanisch.

Okay, in dem Buch steht, dass Männer auf diese Weise ihre Liebe ausdrücken, aber deswegen bin ich doch noch lange keine Gummipuppe, oder?

Und mittlerweile bin ich mir auch gar nicht mehr sicher, ob das alles so stimmt, was die da schreiben. Die Sache mit dem Tunnelblick zum Beispiel. Als Martin gestern Nachmittag in der Auffahrt seinen Wagen wusch, legte sich nebenan Gina Berger in einem superknappen Bikini in die Sonne. Es war unglaublich, wie schnell Martin seinen Kopf herumriss, obwohl er vorher noch in die andere Richtung geguckt und sie keinen Pieps von sich gegeben hatte. Das tat weh, umso mehr, als er gleich darauf begann, seinen Wagen zu polieren (mit nacktem Oberkörper!), und sich zwischendurch über den Zaun lehnte, um mit ihr ein Schwätzchen zu halten. Richtig peinlich, wie er dabei die ganze Zeit den Bauch einzog. Zwar hat er hinterher gleich betont, dass sie in Sachen Humor nicht mit mir mithalten könne, aber das war dann auch nur ein schwacher Trost für mich.

Als Martin danach noch einmal wegfuhr – er sagte, er müsse noch mal in die Kanzlei, aber ich glaube, er fuhr schnurstracks ins Cheerio –, habe ich dann über unsere Beziehung nachgegrübelt, und die Methode von Susis Oma fiel mir wieder ein. Die zur Erforschung des eigenen Unterbewusstseins. Wenn man nicht von seinen neugierigen Freundinnen unter Druck gesetzt wird, geht einem das viel leichter von der Hand. Es sprudelte nur so aus mir heraus, und ich wunderte mich selbst ein bisschen, welche Eigenschaften mir ganz spontan zu Martin einfielen. Viel Positives war dabei, wie *humorvoll, elegant, unterhaltsam, liebevoll* und *reizend*, aber auch andere Begriffe wie *ehrgeizig, temperamentvoll, rührselig*, *tollpatschig* und *träge*. Und ein Wort fiel mir ein, das Martin vielleicht am besten beschreibt: *besonders*. Es hat sich förmlich aufgedrängt, denn so ist Martin. Man kann ihn nicht kategorisieren, er ist weder ein Softie noch ein Macho, er ist kein hoffnungsloser Romantiker, aber auch kein gefühlloser Klotz, er ist kein Yuppie und kein ambitionsloser Rumhänger. Er ist einfach – besonders.

Bei dem Gedanken wird mir ganz warm ums Herz. Mein Martin. Ich kann einfach nicht anders, ich liebe ihn, trotz seiner Unzulänglichkeiten. Irgendwie. Glaube ich zumindest.

Hm. Oder rede ich mir das nur ein?

Seltsam nur, dass mein Unterbewusstsein dazu schweigt. Gestern habe ich die Anfangsbuchstaben dieser Begriffe auf lauter kleine Zettelchen geschrieben und sie nacheinander aufgelegt. Das Ergebnis war gar kein richtiges Wort, sondern nur eine wirre Buchstabenfolge. Ich habe dann noch ein bisschen herumprobiert, aber es kam nichts dabei heraus, was mir irgendeinen Aufschluss über unsere Beziehung gegeben hätte. Als Martin schließlich nach Hause kam, habe ich die Zettelchen schnell zusammengeheftet und in meine Handtasche gesteckt. Ich wollte nicht, dass er erfährt, mit welchen Charaktereigenschaften ich ihn versehe.

Aber jetzt hätte ich Zeit. Gedankenverloren ziehe ich die Zettel aus meiner Handtasche und lege sie in willkürlicher Reihenfolge neben mir auf der Bank auf. Neugierig lese ich das Wort, das daraus entstanden ist: *TRETTERBRUHL*. Interessant. Vielleicht ist das ja Norwegisch für *Traummann*?

Ich verschiebe die Buchstaben, und auf einmal steht da *HERBERT*. Ich kenne keinen Herbert. Also weiter. *UTE*, lese ich. Da kannte ich mal eine in der Grundschule, aber das muss wohl eher Zufall sein. Ich verrücke die Zettelchen wieder. *BETTLER*. Hm, hoffentlich kein böses Omen für unsere Zukunft. *TREUE*. Schon besser. *TEUER*. Sehr gut. Martin ist mir lieb und teuer, und hoffentlich gilt das auch umgekehrt. *RUTE*. Könnte das sexuell gemeint sein?

RETTER. Das macht mich neugierig. Soll das bedeuten, dass Martin mein Retter ist? Bis jetzt hat sich dazu noch nie eine Gelegenheit geboten. Meistens hatte er genug damit zu tun, sich selbst zu retten, wenn er mal wieder als Heimwerker aktiv war. Aber wer weiß, was die Zukunft bringt?

Ich nuckle an meiner Flasche und schiebe den Schluck im Mund hin und her. Als ich die Buchstaben erneut verrücke, lese ich auf einmal *HEUTE*. Also, damit kann ich jetzt gar nichts anfangen.

Plötzlich läutet das Handy in meiner Tasche. Als ich abhebe, meldet sich eine mir unbekannte weibliche Stimme: »Guten Tag. Martina Wenzel am Apparat. Spreche ich mit Frau Sandra Wilding?«

»Ja, das bin ich.«

Martina Wenzel? Nie gehört, den Namen. Sie klang verdächtig freundlich. Wahrscheinlich eine Meinungsumfrage, oder sie will mir irgendwas andrehen, Rosshaarmatratzen oder Gesundheitsstrümpfe gegen Krampfadern. Ich beschließe, auf der Hut zu sein.

Dann sagt sie: »Ich bin Lektorin beim Beckstein-Verlag, und ich habe gerade Ihr Buch gelesen …«

Mein Herz macht einen wilden Hüpfer. Ach du meine Güte! Es ist so weit. Endlich. Am liebsten würde ich kerzengerade in die Luft springen und laut juchzen.

Stattdessen sage ich: »Jaaa …?«

»Ich weiß, es ist ein bisschen überfallartig«, entschuldigt sie sich, »und ich hoffe, Sie haben gerade Zeit …«

»Äh, ja, kein Problem«, sage ich eine Spur zu hastig.

»Hervorragend«, sagt sie und klingt erleichtert. »Also, wie ich schon sagte, ich habe Ihr Buch gelesen, und es hat mir sehr gut gefallen …«

Es hat ihr gefallen. Es hat ihr *sehr gut* gefallen! Das

ist der mit Abstand glücklichste Moment in meinem Leben. Ich kenne diese Frau erst seit ein paar Sekunden, und ich liiiebe sie!

Stopp! Ich muss mich zusammenreißen. Ich muss souverän klingen. Ich muss klingen wie eine Buchautorin.

»Jaaa …?«, quetsche ich erneut hervor.

»… aber es gibt da ein Problem …«, redet sie weiter.

Ein Problem?! Oh weh, das ist schlimm.

»Es ist nichts Schlimmes«, sagt sie, »nur ein kleines Terminproblem.«

»Terminproblem?«, wiederhole ich atemlos.

»Ja. Ich bekam Ihr Manuskript völlig überraschend in die Hände, und wir machen gerade die Planung für unser Herbstprogramm …« Sie legt eine Pause ein, die mir wie eine Ewigkeit vorkommt, bevor sie weiterredet: »Die Sache ist die: Ich würde Ihr Buch gerne noch im Herbst unterbringen, aber dazu müssten wir das heute noch entscheiden. Innerhalb der nächsten zwei Stunden, um genau zu sein, weil ich dann eine Woche im Ausland bin. Daher meine Frage: Könnten Sie es einrichten, innerhalb der nächsten Stunde hier bei uns vorbeizukommen, damit wir die letzten offenen Fragen klären können?«

Sie will mein Buch rausbringen!

Ob ich innerhalb der nächsten Stunde vorbeikommen könnte?

Ich würde zum Mond fliegen und ihr die amerikanische Flagge mitbringen, wenn es nötig wäre.

»Natürlich, kein Problem«, höre ich mich sagen.

»Fein«, sagt sie und lacht. »Eine unkomplizierte Autorin, dass ich das noch erleben darf. Dann würde ich vorschlagen, wir treffen uns in Dr. Baumanns Büro. Das kennen Sie ja schon?«

»Ja, sicher. Ich werde da sein!«

Als sie aufgelegt hat, bin ich ganz benommen vor Glück. Sie wollen mein Buch veröffentlichen, und das schon im Herbst!

Was heißt eigentlich *schon* im Herbst? Wir haben jetzt erst April, wieso dauert das dann so lange …?

Schon kapiert. Die planen sehr langfristig.

Jedenfalls super! Wahnsinn! So, jetzt muss ich nur noch schnell zu Hause vorbeifahren und …

Plötzlich streift mein Blick die herumtollenden Kinder. Ach, du meine Güte! Die Kinder! Ich kann ja gar nicht weg, ich bin doch heute allein hier.

Verdammte Kerstin mit ihrer doofen Grippe!

Okay, dann muss eben Gerda von der anderen Gruppe …

Mist! Die ist ja auch krank, Elena ist ja auch alleine mit ihren Kindern. Ob sie meine mit übernehmen kann? Aber eine Frau mit vierzig Kindern, die zum Teil aus Thomas, Sebastian und Norman bestehen?

Nein, ausgeschlossen, da könnte ich sie genauso gut mit einem *Go for Bush*-T-Shirt in den Irak schicken. Und wenn einem der Kinder in der Zwischenzeit etwas zustoßen sollte … genau genommen dürften wir nicht mal *eine* Gruppe alleine beaufsichtigen.

Ah, ich hab's. Ich rufe einfach eine meiner Freundinnen an. Susi zum Beispiel. Die kann sicher kurz aushelfen. Ist ja nur für zwei Stunden, dann werden die Kleinen ohnehin schon abgeholt.

Susi hebt nicht ab. Dann fällt's mir wieder ein. Sie erwähnte doch etwas von einem Termin in diesem neuen Hotel, bei dem sie das Innendesign gestalten soll.

Egal, dann eben Dörte. Dörte hat selber Kinder, die ist ohnehin besser geeignet. Wäre sie auch, nur ist sie gerade mit ihren eigenen Gören im Schwimmbad.

Ich probiere es bei Jasmin. Als sie abhebt, kann ich sie kaum verstehen. Was daran liegt, dass das Handynetz auf Sizilien so schlecht ausgebaut ist, wie sie mir laut brüllend mitteilt.

Ich probiere es bei anderen Freundinnen und Bekannten, aber alle heben sie entweder nicht ab oder haben keine Zeit.

Das darf doch nicht wahr sein. Das darf doch jetzt einfach nicht wahr sein! Habe ich denn überhaupt keine Freunde, die mir in der Not zur Seite stehen?!

Ich sacke völlig frustriert in mich zusammen und bin knapp vorm Losheulen. Dann fällt mein Blick auf die kleinen Zettelchen neben mir. *HEUTE* steht noch da. Und was war das vorige Wort gewesen? *RETTER*.

Plötzlich durchzuckt mich die Erleuchtung wie ein gleißender Blitz. Ach, du meine Güte. Das war kein Zufall, das war ein Zeichen! Natürlich! Martin soll heute mein Retter sein!

Aber ob er mit dieser Rasselbande zurechtkommt? Sollte er eigentlich. Martin kann sehr dominant sein, und hier herunten im Hof hat er ja nicht viel zu tun. Er muss nur da sein und sie beaufsichtigen, weiter nichts. Das kann er. Das *muss* er können.

Mit zitternden Fingern wähle ich seine Nummer. Aber was, wenn er keine Lust dazu hat? Oder keine Zeit? Oder wenn er einfach *sagt*, er hätte keine Zeit?

Alles klar, ich werde auf Nummer sicher gehen. Als er abhebt, eröffne ich das Gespräch mit einem herzzerreißenden Schluchzer.

Er

23. Dezember, 12 Uhr 10

Okay, jetzt ist es amtlich. Ich bin der mit Abstand größte Trottel auf dieser an Trotteln ohnehin nicht armen Welt.

Ich meine, da ackert man sich durchs Studium, schafft sogar irgendwie den Doktortitel, baut sich seine eigene Kanzlei auf – da sollte man doch annehmen, dass so ein Mensch wenigstens über ein gewisses Mindestmaß an Grips verfügt, oder?

Und dann fällt genau dieser vermeintliche Gehirnakrobat innerhalb weniger Monate zum zweiten Mal auf den gleichen blöden Trick herein.

Gut, diesmal hat Sandra das Gespräch in einem lockeren Plauderton eröffnet, sodass ich gar nicht auf den Gedanken kam, es könnte etwas Unangenehmes dahinterstecken. Ich nahm an, sie bräuchte noch etwas aus dem Supermarkt, oder ein Weihnachtsgeschenk für irgendwelche Freunde, Verwandte, Bekannte, Eltern, wo sie doch wusste, dass für mich heute gemütliches Shopping angesagt war – was bei mir bedeutet, dass ich zwei bis drei Stunden in diversen Cafés und Restaurants abhänge und dann innerhalb von höchstens zwanzig Minuten sämtliche Einkäufe erledige. Was ich heute übrigens schon hinter mir habe. Und ohne mir selbst schmeicheln zu wollen, muss ich sagen, dass ich für Sandra das optimale Geschenk gefunden habe. Oder besser gesagt: die optimalen Geschenke. Geschenkgutscheine von Betty Barclay, Esprit, Mexx und Bluespirit, dazu eine Megaflasche ihres Lieblingsparfums – also, ich glaube, über mangelnde Aufmerksamkeit meinerseits braucht sie sich heuer wohl nicht zu beschweren.

Und dann, als ich mir bei Calabrone gerade meine wohlverdiente Calzone mit extra viel Käse hinter die Kiemen hauen wollte, dieser Anruf: »Hi, Schatz«, flötete sie. »Wie geht's dir?«

»Danke, gut. Ich habe gerade …«

»Keine Kopfschmerzen mehr?«, fragte sie zuckersüß und voller Fürsorge.

Ich habe gestern im Cheerio mit den Jungs ein bisschen vorgefeiert, und durch die besinnliche Weihnachtsstimmung ist es dann ein bisschen später geworden.

»Kein Problem, gibt ja schließlich Aspirin«, gab ich fröhlich zurück.

»Und mit deinen Einkäufen kommst du voran? Ist sicher eine mordsmäßige Rennerei«, erkundigte sie sich.

»Schon, vor allem, wenn man nicht den erstbesten

Krempel kaufen will. Und du weißt ja, bei persönlichen Geschenken nehme ich mir immer besonders viel Zeit.«

Daraufhin entstand eine kleine Pause. Ich befürchtete schon, dass ich zu dick aufgetragen hatte, da lachte sie auf einmal und sagte mit einem verruchten Unterton in der Stimme: »Das weiß ich durchaus zu schätzen. Dann werde ich mir wohl auch besonders viel Zeit nehmen müssen, nach der Bescherung ... wenn du weißt, was ich meine?«

Wow. Ziemlich gute Aussichten. Zahlt sich eben aus, wenn man seine Liebste großzügig beschenkt. Ich nahm mir vor, nachher noch schnell bei Colloseum reinzuspringen und ein paar neue Dessous für Sandra zu besorgen – in Rot, wegen der Weihnachtsstimmung. (Der gelackte Kellner, der in diesem Moment meine Calzone auf den Tisch wuchtete, dürfte übrigens meinen Gesichtsausdruck missverstanden haben; er schenkte mir ein tiefes Lächeln, und nachher entdeckte ich seine Telefonnummer auf der Rückseite der Rechnung.)

»Super, Schatz«, gab ich zurück. Und vor lauter Stolz und Vorfreude fügte ich hinzu: »Übrigens, du wirst es nicht glauben: Ich habe schon alles beisammen – bis auf eine winzige Kleinigkeit. Nicht schlecht für einen Shopping-Amateur, was?«

Damit war mein Ende besiegelt.

»Toll, Martin«, sagte Sandra begeistert. »Das heißt, du hättest Zeit, um mir einen klitzekleinen Gefallen zu tun?«

»Sicher, kein Problem. Ich esse nur mal schnell einen Happen«, meinte ich mit einem Blick auf die riesige, dampfende Pizza, »dann bin ich wieder frei. Was brauchst du denn?«

Dann erklärte sie mir, was sie unter dem *klitzekleinen Gefallen* verstand, und während ich zuhörte, stellten sich mir automatisch die Nackenhaare auf.

Ich Vollidiot. Hätte ich mir schnell noch irgendeine Ausrede einfallen lassen, dass einer meiner Mandanten gerade einen Raubüberfall verübt hat, um seiner Omi ein Weihnachtsgeschenk kaufen zu können, oder dass Terroristen das Einkaufscenter gekapert haben und ich für die nächsten Stunden hier festsitze, oder einen Herzinfarkt vorgetäuscht, irgendwas – aber nein, ich Esel habe schön brav zugesagt, zu ihr in den Kindergarten zu kommen, mir ein dämliches Weihnachtsmannkostüm überzuziehen und ihren Kindern meine Aufwartung zu machen. Was heißt überhaupt *Kinder*? Das sind gar keine Kinder, bis auf wenige Ausnahmen jedenfalls, das sind … das sind … mir fällt dazu gar kein richtiges Wort ein.

Wie lange ist es jetzt her, dass ich Sandra ausgeholfen habe? Sieben Monate, oder acht? Keine Ahnung, jedenfalls ist die Erinnerung daran so frisch, dass mir schlagartig der Appetit vergeht und stattdessen der kalte Schweiß auf meine Stirn tritt …

Im Frühling davor

Das hat man nun von seiner Ehrlichkeit. Es ist doch wohl ein schlechter Witz, dass nicht irgendeine von Sandras Freundinnen die zwei Stunden Zeit gehabt hätte. Wo der Großteil von denen doch nicht mal arbeitet, soviel ich weiß.

Hätte ich mir nur eine Ausrede einfallen lassen, einen Gerichtstermin, ein Meeting, irgendwas. Aber als Sandra gleich losheulte, befürchtete ich natürlich eine mittlere Katastrophe, und auf ihre Frage, ob ich zwei Stunden Zeit für sie opfern könne, antwortete ich dann reflexartig mit Ja.

Gut, so, wie sie klang, ging es für sie ja wirklich um Leben oder Tod. Da konnte ich gar nicht anders, und so schlimm scheint das hier auch gar nicht zu sein.

Sandra hat die Gruppe vorhin zusammengetrommelt und mich den Kindern vorgestellt: »Kinder, ich muss dringend weg. Das ist Dr. Becker. Er wird kurz auf euch aufpassen, bis euch eure Mamis abholen. Seid schön artig und macht keinen Unsinn – vor allem Thomas, Sebastian und Norman!« Ich schätze, damit meinte sie die drei größeren Jungs, die mich herausfordernd anstarrten. Dann sagte sie zu mir: »Gut, Martin, hier herunten im Hof brauchst du nicht viel zu tun. Du musst nur darauf achten, dass sie sich nicht gegenseitig die Köpfe einschlagen. Schaffst du das?«

»Ist sicher leichter als ein Mordprozess«, gab ich lässig zurück.

»Super!« Sandra schien total erleichtert. »Dafür hast du was gut bei mir.« Sie gab mir einen Kuss auf die Wange, und weg war sie.

Ich stand also da, und zwanzig Augenpaare betrachteten mich mit einer Mischung aus Neugierde und Misstrauen.

»Ähem«, räusperte ich mich. »Also, Kinder, ihr könnt Martin zu mir sagen ... oder auch Onkel Martin, wenn ihr wollt.«

Auf einmal schob sich ein kleiner Rothaariger aus der vorderen Reihe näher an mich heran, hob sein T-Shirt hoch und zeigte mir seinen Bauch. »Onkel Doktor, was hab ich da?«, wollte er wissen.

Keine Ahnung. Wohl ein paar Pommes zu viel eingeworfen, hätte ich getippt. »Was genau meinst du?«, fragte ich.

»Na, die Flecken.«

Ich bückte mich und besah mir seinen Bauch. Jetzt sah ich es auch: ein paar kleine rote Pusteln. »Tja, sieht nach einem Ausschlag aus«, diagnostizierte ich. »Aber so genau kann ich das nicht sagen, ich bin ja kein Arzt.«

»Tante Sandra hat aber gesagt, du bist Doktor!«, meinte der Kleine vorwurfsvoll.

Ach, darum. »Ja, das stimmt schon, ich bin Doktor, aber kein Arzt. Ich bin Jurist. Rechtsanwalt, genauer gesagt.«

»Was ist ein Rechtsanwalt?«, wollte ein blondes Mädchen wissen.

Wie erklärt man einem kleinen Kind das komplexe System eines mitteleuropäischen Rechtsstaates?

»Das ist jemand, der … äh … den Menschen hilft, wenn sie mit dem Gesetz in Konflikt kommen oder … sich scheiden lassen, zum Beispiel.«

»Mein Papa hat gesagt, Rechtsanwälte sind Arschlöcher. So einer hat ihm nämlich sein Haus weggenommen«, maulte plötzlich einer der größeren Jungs, der ziemlich abstehende Ohren hatte.

Das blonde Mädchen riss die Augen auf. »Du nimmst den Leuten ihre Häuser weg?«

»Unsinn!«, protestierte ich schnell. »Also, das ist eine sehr subjektive Meinung von deinem Vater«, belehrte ich den Segelohrenjungen. »Hauptsächlich helfen wir den Menschen, so wie … Polizisten.«

»Polizisten sind auch Arschlöcher, sagt mein Papa«, behauptete der Junge aufsässig. »Die haben ihm den Führerschein weggenommen.«

»Tja, dann ist vielleicht dein Papa das Ar… ähm … derjenige, der die Probleme macht«, entgegnete ich. Als er erneut den Mund aufmachen wollte, um etwas zu sagen, kam ich ihm zuvor: »Egal, Kinder. Ich bin jedenfalls kein Arzt, und Rechtsanwälte gehören zu den Guten, merkt euch das!« Ich setzte ein freundliches Lächeln auf und klatschte in die Hände. »Gut, nachdem das geklärt wäre, geht spielen … husch, husch!«

Das taten sie dann auch. Mit ausgelassenem Gejohle stoben sie auseinander und begannen zu spielen. Die Mädchen bauten Sandkuchen, kletterten auf die Rutsche oder schaukelten, und die Jungs bewarfen sich mit Dreck. Wie sich das gehört.

So, und ich mache es mir jetzt auf der Bank gemütlich. Autsch! Es hilft nichts, ich werde nachher wohl oder übel einen Arzt aufsuchen müssen. Der Span in meinem Hintern macht absolut keine Anstalten, sein neues Zuhause freiwillig aufgeben zu wollen, und diverse Salben und Pflaster haben keinerlei Wirkung gezeigt. Im Gegenteil, sobald ich mich setze, durchläuft meine ganze rechte Seite ein höllischer Schmerz. Darum muss ich mich gleich kümmern, sobald ich hier fertig bin mit … Nichtstun.

Hoppla, das ist ja jetzt eine Erkenntnis. Sandra jammert mir ständig die Ohren voll, von wegen, wie hart und stressig ihr Job sei. Dabei tut man hier doch echt *nichts*. Sicher, vielleicht liegt das auch daran, dass Sandra nicht so ein autoritäres Auftreten hat wie ich. Mit einer sanften Frau wie ihr haben die Kinder natürlich leichtes Spiel, da lassen sie sich allerhand Blödsinn einfallen. Jetzt aber haben sie gleich gemerkt, dass mit dem Onkel nicht gut Kirschen essen ist, Kinder haben ja bekanntlich eine natürliche Antenne für so was, und …

Was war *das* denn? Hat mich da was an der rechten Schulter getroffen? Diese Lausebengel werden doch nicht wagen …

Dann trifft mich auch an der linken Schulter etwas, und jetzt sehe ich, was es ist: ein Regentropfen. Dick und rund kullert er an meinem Jackett hinunter. Und dann noch einer. Und noch einer.

Okay. Alles klar. Wir müssen rein. Macht ja nichts, da gibt es sicher auch gemütliche Sitzgelegenheiten. Ich stehe auf und klatsche laut in die Hände. »Alles mal herhören!«, brülle ich wie ein Feldwebel bei der Bundeswehr. »Es beginnt zu regnen. Stellt euch in einer Zweierreihe auf, wir gehen hinein!«

Das mit der Zweierreihe klappt nicht ganz, aber es gibt ja auch einen ungeordneten Rückzug. Als ich mich im Aufenthaltsraum vorsichtig auf einen Sessel platziere, geschieht etwas Seltsames: Ohne dass ich etwas sage, schnappen sich die Kinder ihre Sessel und setzen sich direkt vor mich hin. Dann betrachten sie mich in neugieriger Erwartung.

Was soll das denn? Wollten die nicht spielen oder so?

»Äh ... und jetzt?«, frage ich zögernd.

»Wenn wir herinnen sind, machen wir immer was mit den Tanten«, klärt mich der Rothaarige auf.

»Ach ja? Und was zum Beispiel?«

»Wir singen Lieder!«

»Wir basteln lustige Sachen.«

»Die Tante erzählt uns Geschichten.«

»Wir sagen gemeinsam Gedichte auf!«

Die Vorschläge prasseln nur so auf mich nieder. Ach, so ist das. Muss man sich also doch beschäftigen mit den Kleinen. Okay, so schwer kann das ja auch nicht sein. Singen wir eben was.

»Kann jemand von euch ein Instrument?«, frage ich.

»Nee, das machen immer die Tanten«, sagt ein Mädchen und drückt mir eine Gitarre in die Hand.

Aber ich kann doch gar nicht ... Andererseits, ich habe das schon oft gesehen. Eigentlich braucht man da nur im richtigen Rhythmus über die Saiten zu schrammen. Als Begleitmusik für ein Kinderlied reicht das doch allemal. Ich schnappe mir also das Ding, lege es auf mein Knie und ratsche mit der rechten Hand schwungvoll über die Saiten. Plunck. Klingt gar nicht mal so schlecht. Gleich noch einmal, aber diesmal mit Rhythmus: Plunck plunck plunck – plunck plunck plunck – plunck plunck plunck plunck plunck plunck …

»Okay, wer hat das Lied erkannt?« Ich blicke erwartungsvoll in die Runde und sehe offene Münder und wackelnde Köpfe. Die Größeren stoßen sich gegenseitig an und kichern. Scheinen nicht besonders musikalisch zu sein, die Kleinen.

»Das war *Hänschen klein*«, kläre ich sie auf. »Und das singen wir jetzt gleich mal! Eins, zwei – eins, zwei, drei, vier!«, gebe ich den Takt vor, dann haue ich in die Saiten und beginne zu singen: »Hänschen klein ging allein in die weite Welt hinein, Stock und Hut steht ihm gut, ist gar wohlgemut …« Verdammt, wie ging der Text schnell noch weiter? »… la la la la la la laah, la la la la la la laah …«

Als ich merke, dass die Kinder mich nur wortlos anstarren, halte ich inne. »Was ist, wollt ihr nicht mitsingen?«, frage ich frustriert und ernte bloß Schweigen.

Hm, vielleicht brauchen die was Rockigeres.

»Okay, dann lasst uns was anderes probieren!« Ich lege die Gitarre zur Seite. »Nehmt mal eure Hände hoch!«

Die Kinder folgen zögernd meiner Aufforderung.

»Und jetzt macht das!« Ich schlage zweimal auf meine Oberschenkel und klatsche dann in die Hände. »Kommt schon, macht mit!«

Beim zweiten Mal probieren es ein paar, und beim dritten Mal sind schon fast alle dabei. Beim zehnten Mal haben wir bereits einen richtigen Beat drauf. Volltreffer. Das scheint ihnen zu gefallen. Ich hole tief Luft, dann lege ich los:

»Buddy, you're a boy make a big noise playin' in the street gonna be a big man some day, you got mud on your face, you big disgrace kickin'your can all over the place – singin' we will we will rock you … we will we will rock you …«

Kaum habe ich losgelegt, reißen die Kinder entsetzt ihre Augen auf und hören mit dem Trommeln und Klatschen auf. Und als ich mit der ersten Strophe fertig bin, fangen die ganz Kleinen an zu weinen. Ich halte sprachlos inne. Was ist nur los mit diesen Kindern? Haben die denn überhaupt keine Ahnung von guter Musik?

Ich geb's auf. Sollen sie ihre Lieder doch mit den Tanten singen, ich vergeude hier ja doch nur mein Talent.

»Alles klar, Kinder!« Ich bemühe mich um ein fröhliches Grinsen. »Ich fürchte, wir haben nicht den gleichen Musikgeschmack. Machen wir eben was anderes, okay?«

Wenigstens hören sie jetzt auf zu weinen. Ich atme auf.

»Erzählst du uns eine Geschichte?«, fragt eine von den ganz Kleinen schüchtern. Sie hat große Kulleraugen wie ein Mon-Chi-Chi-Äffchen. Das muss Aisha sein. Ich kenne sie von Sandras Erzählungen, sie ist ihr Lieblingskind.

»Welche wollt ihr denn hören?«, frage ich unvorsichtigerweise.

»Den Struwwelpeter.«

»Frau Holle.«

»Räuber Hotzenplotz.«

Also gut. Wie gingen diese Geschichten schnell noch?

Der Struwwelpeter, genau. Der hatte doch mordsmäßig lange Haare und Fingernägel, weil er ... weil er ... Gute Frage. Wieso eigentlich? Der hätte doch nur mal zum Friseur gehen müssen.

Also, der Räuber Hotzenplotz, der hatte eine riesige Keule, und einen Vollbart, und der ... überfiel Leute. Ja sicher, der war ja Räuber. Und weiter?

Gibt's denn das, kenne ich nicht *ein* blödes Märchen?

Mir wird warm. Ich ziehe mein Jackett aus und hänge es über die Stuhllehne.

»Wisst ihr was, Geschichtenerzählen ist eigentlich total langweilig«, stelle ich fest. »Machen wir doch mal was ganz Neues: Ihr stellt mir Fragen, und ich beantworte sie. Auf die Art lernt ihr wenigstens was Vernünftiges.«

»Was denn für Fragen?«, will jemand wissen.

»Egal, was«, erkläre ich voller Zuversicht.

Und dann geht es los.

»Gibt es den Weihnachtsmann wirklich?«

»Mal überlegen: Soviel ich weiß, gibt es vierhundert Millionen Christenkinder, glaubt ihr also wirklich ...?« Große Kinderaugen hängen gebannt an meinen Lippen. »... äh, ich meine, daran könnt ihr sehen, was der für eine logistische Meisterleistung vollbringen muss, um die alle gleichzeitig beliefern zu können.«

»Und was ist mit dem Christkind?«

»Das ist sein Assistent.«

»Wen findest du cooler: Spiderman oder Superman?«

»Superman, weil der aus Stahl ist und mit Überschall fliegen kann. Und seinen Röntgenblick hat.« Ein unwilliges Raunen geht durch die Spiderman-Fraktion. »Aber Spiderman ist auch toll«, beeile ich mich zu sagen. »... weil er die Wände hochklettern kann und ... äh ... eine Spinne ist.«

»Woher kommt der Schnee im Winter?«

»Also, wenn die Temperatur unter null fällt und Wasser kristallisiert ...« Wieder große Augen. »... von der Frau Holle.«

»Und wie macht die den?«

»Mit Schneekanonen.«

»Wo kommen die Babys her?«

»Vom Storch.«

»Nicht von den Bienen?«

»Vom Storch *und* von den Bienen. Die Bienen machen sie, und der Storch stellt sie zu. So was nennt man *joint venture.*«

Mir wird immer wärmer. Heizen die hier im April? Auf einmal prallt etwas von meiner Schulter ab. Das kann jetzt aber kein Wassertropfen gewesen sein!

»Hast du einen Penis?«

»Äh … ja, den hat jeder Mann.«

»Was ist ein Penis?«

Schon wieder trifft mich irgendetwas. Als es zu Boden kullert, sehe ich, dass es sich um einen roten Bauklotz handelt.

»Wer war das?«, rufe ich streng.

»Wer war was?«, kommt aus der Tiefe des Raumes, begleitet von einem Kichern.

Ich lasse meinen Blick prüfend über die Gruppe gleiten. Da fehlt doch einer, dieser lange Lulatsch. Das nächste Geschoss trifft mich, und noch eins.

»Jetzt reicht's aber!« Ich stehe auf und halte Ausschau nach dem Mistkerl.

Auf einmal steht auch der kleine Rothaarige auf und tritt einen Schritt vor. »Onkel, ich muss Pipi.«

»Ach so, ja … Du weißt ja sicher, wo die Toiletten sind, oder? Öhm … Erlaubnis erteilt!«

Er geht aber nicht. Stattdessen schaut er mich unverwandt an.

»Was noch?«, frage ich.

»Du musst mitkommen«, sagt er todernst. »Meinen Pipimatz halten.«

»Ich soll was?!« Der glaubt doch nicht wirklich, dass ich …? »Nee, mein Lieber, das musst du schon alleine machen. Mir hilft ja auch keiner dabei.«

Er geht aber nicht, stattdessen trifft mich das nächste

Wurfgeschoss. Die Kinder stecken die Köpfe zusammen und kichern.

Na warte, wenn ich den erwische …

»Wenn du nicht mitkommst, mach ich in die Hose«, versucht der Rotschopf mich jetzt zu erpressen.

»Glaubst du wirklich, damit erreichst du was bei mir?« Ich suche nach einem Anzeichen von Unsicherheit in seinen Augen. »Machen das denn die Tanten?«, frage ich dann.

Er nickt.

»Tja, dann hast du jetzt Pech. Ich mache das jedenfalls nicht«, sage ich entschlossen. Thema abgehakt. Basta. Ich bin doch nicht der Hanswurst für die hier.

Der Kleine fixiert mich weiter, und mich trifft wieder etwas. Diesmal ist es eine Legofigur. Langsam werde ich echt sauer. Jetzt fehlen schon mehrere aus der Gruppe. Die haben sich sicher irgendwo verschanzt, vielleicht hinter diesem Raumteiler, oder in der Spielecke da drüben. Ich werde mich augenblicklich auf die Suche nach denen machen, und dann …

Mein Blick fällt auf den Rotschopf. Der steht immer noch da wie angewurzelt, nur ist sein Blick jetzt irgendwie … abwesend. Er scheint sich auf irgendetwas zu konzentrieren. Aber auf was?

Oh, mein Gott, der wird doch nicht wirklich …

Als ich das Zimmer wenig später wieder betreten will, fühlt sich der Türgriff ganz glibberig an. Was ist *das* denn? Na fein, eine Ladung Spucke als Willkommensgruß. Manieren haben die, ich muss schon sagen.

Nachdem ich mir die Hände gewaschen habe, bin

ich vorsichtiger und benutze ein Stück Handpapier, um die Tür zu öffnen. Als ich mich wieder setze, setzt sofort Gekicher ein, was mich augenblicklich alarmiert. Gleichzeitig spüre ich, wie meine Hose hintenrum ganz feucht wird. Haben die Wasser auf meinen Stuhl geschüttet?

Ich springe hoch und sehe, dass es kein Wasser ist. Es ist Fingerfarbe. Und ausgerechnet heute trage ich eine beige Hose!

Ich bin knapp vorm Ausflippen. So, jetzt rufe ich Sandra an, und die soll mir mal erklären, wie man diese Bestien bändigt. Ich greife in die Jacketttasche nach dem Handy und fühle etwas Weiches. Entsetzt ziehe ich meine Hand wieder hervor und sehe mich einer riesigen schwarzen Spinne gegenüber. Ein Schrei entfährt mir, und die Kinder brüllen vor Lachen. Dann merke ich, dass das Ding nur aus Gummi ist, und schleudere es von mir. Ich lange wieder in die Tasche, und als ich mein Handy herausziehe, kleben lauter bunte Gummibärchen daran.

Aaaahhhh! Die treiben mich noch in den Wahnsinn.

Okay, ich rufe jetzt Sandra an. Oder doch nicht? Nein, das wäre unklug. Damit würde ich doch zugeben, dass ich dieser Situation nicht gewachsen bin. Dass mich ein paar Zwerge fertigmachen!

Hastig stecke ich das Handy wieder ein und werfe einen gehetzten Blick in die Runde. Mittlerweile sind die Kinder völlig außer Rand und Band. Alle außer Aisha toben ausgelassen durch den Raum, Wurfgeschosse treffen mich von allen Seiten, und ein paar von denen scheinen ein geheimes Waffenarsenal geöffnet zu haben und beschießen mich jetzt auch noch mit Wasserpistolen. Ich entdecke den mit den großen Ohren, als er gerade eine Salve abfeuert und hinter einem Schreibtisch Deckung bezieht.

Na warte, Bürschchen, dich kaufe ich mir!

Mit drei Kindern am Bein kämpfe ich mich durch das Chaos, ich brülle, und die Kleinen kreischen vor Begeisterung. So, gleich habe ich den Mistkerl, und dann … Einen Moment lang jagen Gewaltvisionen durch mein Gehirn. Ich bin viel größer und stärker als die, die schaffe ich doch locker. Außer vielleicht den einen mit der lila Zahnspange, der sieht ziemlich flink aus und kann womöglich Karate …

Aber halt, das geht doch auch nicht. Ich darf die nicht anrühren, das sind doch Kinder. Gemein, bösartig und gnadenlos zwar, aber dennoch Kinder. Und ich kann sie auch nicht anzeigen oder verklagen. Ich kann denen gar nichts tun. Absolut nichts!

Ich bin denen völlig ausgeliefert!

Die Erkenntnis ist ein Schock. Wie verhält man sich in so einer Situation? Wie soll man die bändigen? Und ich kann auch nirgendwo Hilfsmittel wie Handschellen oder Zwangsjacken entdecken.

Wie macht Sandra das?

Ich sinke völlig frustriert auf meinen Stuhl nieder. Jetzt, wo ich mich nicht mehr so aufrege, lassen sie wenigstens ein bisschen von mir ab und gehen stattdessen aufeinander los. Dafür steht die kleine Aisha plötzlich von ihrem Stühlchen auf und kommt auf mich zu.

Oh, nein. Jetzt haben die anderen sie auch noch angesteckt. Wahrscheinlich will sie ausprobieren, wie das ist: fies sein. Jetzt, wo der olle Onkel fix und fertig ist, könnte sie ihm ja ihr kleines Fingerchen ins Auge rammen, oder ihm ein Nasenhaar ausreißen. Aisha bleibt vor mir stehen. Sie sieht mich mit ihren großen, dunklen Augen an, und ich bin auf das Schlimmste gefasst.

Dann sagt sie: »Die sind ganz schön gemein zu dir.«

Damit klettert sie auf meinen Schoß und kuschelt sich an meine Brust. Eine Welle der Rührung durchläuft mich. Nach dem rücksichtslosen Terror plötzlich diese Geste der Zuneigung von diesem kleinen Wesen. Ich zögere, dann schließe ich langsam meine Arme um sie und genieße die Trost spendende Wärme ihres kleinen Körpers.

Ein paar Minuten später hebt sie ihr Köpfchen und sieht mir fragend in die Augen. »Onkel Martin?«

»Ja?«

»Weinst du?«

»Wie bitte? Ich? Weinen?« Ich wische mir hastig über die Augen und quetsche ein Lachen hervor. »Nein, natürlich nicht, haha, warum denn auch? Das sind nur ... meine Kontaktlinsen, weißt du? Die piesacken mich manchmal ein bisschen.«

23. Dezember, 13 Uhr

»Wozu brauchst du denn die Sonnenbrille?«, fragt Kerstin erstaunt.

Sie und Sandra haben mich gerade in ein modrig riechendes Weihnachtsmannkostüm samt künstlicher Wampe gepackt.

»Die brauche ich, damit die Kinder mich nicht wiedererkennen«, erkläre ich. »Sonst wissen die doch gleich, dass ich nicht der echte Weihnachtsmann bin.«

»Auch wieder wahr«, gibt Kerstin zu. »Obwohl, ein bisschen seltsam sieht es schon aus.«

»Aber auch irgendwie cool«, meint Sandra und zupft eifrig an meinem falschen Bart herum. Dann betrachtet sie mich mit leuchtenden Augen. »Irgendwie ziemlich scharf, unser Weihnachtsmann, findest du nicht, Kerstin?«

Kerstin begutachtet mich jetzt auch wie ein seltenes Ausstellungsstück. »Hm, ja, irgendwie schon. Aber darum geht es ja gar nicht. Er muss den Kindern gefallen, nicht uns.« Dann kichert sie albern. »Außerdem, wir Tanten dürfen uns ja doch nicht auf seinen Schoß setzen, oder?«

»Du nicht, ich schon.« Sandra zwinkert mir zu. »Später dann, zu Hause. Nicht wahr, lieber Weihnachtsmann?«

Die *amüsiert* sich auch noch!

Die Hinterlistige. Die Treulose. Die Verräterin.

Und die Arglose.

Ich kann ihr genau genommen ja nicht einmal böse sein. Ich habe ihr doch nie erzählt, wie es mir damals wirklich ergangen ist. Im Gegenteil, ich blöder Arsch habe ihr hinterher noch ganz lässig erklärt, dass das ein Klacks für mich war. Dass ich mich nur mit einem miesen Trick aus der Affäre gezogen habe (indem ich jedem, der die restliche Zeit Ruhe gibt, fünf Euro versprach – dem Fliegerohrentypen und dem mit dem Pferdegebiss habe ich sie dann trotzdem nicht gegeben; beim Gedanken an ihre blöden Gesichter lache ich mich heute noch schief), habe ich natürlich verschwiegen.

Daher kann sie natürlich auch nicht wissen, was sie mir damit antut, dass sie mich jetzt erneut in die Höhle des Löwen schickt.

»Bist du bereit?« Sandras Stimme reißt mich aus meinen Gedanken.

Ich starre sie an.

»Martin, was ist los?« Sie mustert mich beunruhigt.

»Oh … äh … nichts, gar nichts«, stoße ich hastig hervor. »Alles klar, kann … losgehen!«

Ich hole ein paar Mal tief Luft, dann schnappe ich mir den Sack mit den Geschenken und werfe ihn mir über die Schulter.

»Also, du kannst dir ruhig Zeit lassen mit den Kindern, sie werden heute später abgeholt«, erteilt Sandra mir letzte Instruktionen. »Und wie gesagt, Kerstin und ich bleiben draußen. Wir glauben, dass es auf die Kinder mehr Eindruck macht, wenn sie mit dem Weihnachtsmann allein sind. Okay?«

Ich nicke. Klar, völlig okay.

Als ich auf die Tür zuschreite, hinter der sie lauern, fühle ich mich, als müsste ich gleich vor dem amerikanischen Kongress ein Plädoyer für Osama bin Laden halten.

Ich kratze all meinen Mut zusammen. Was soll's, jetzt ist es ohnehin zu spät. Ich bin hier, und die sind hier, daran lässt sich jetzt nichts mehr ändern. Und so schlecht stehen meine Chancen ja gar nicht. Ich trage immerhin einen dicken Anzug mit gepolsterter Wampe als Schutzschild, und ob der schmutzig oder nass wird, kann mir diesmal auch schnuppe sein.

Ach ja, und dass ich's nicht vergesse: meine Geheimwaffe habe ich auch mit: Auf dem Weg hierher habe ich mir aus dem Geldautomaten zwanzig nagelneue Zehner gezogen, nur so zur Sicherheit. Man weiß ja nie.

Und wie auch immer diese Sache hier ausgeht, eines darf man nicht vergessen: es hat ja auch was Gutes.

Denn wie sagte Sandra vorhin? *Dafür hast du was gut bei mir.*

Und unter uns: Wenn meine Sandra einem so ein Angebot macht, dann kann man sich dafür ruhig mal ein bisschen zum Affen machen.

Zum Weihnachtsaffen, wohlgemerkt.

Hohoho!

Hanna Dietz

Krippenspiele

Hätte ich doch nur auf meine Freundinnen gehört. »Häng dich da nicht so rein«, haben sie gesagt. »Lass die anderen Eltern auch was machen.« Und: »Es ist nur ein Krippenspiel.« Hätte ich doch nur ihren Rat befolgt! Aber nein. Ich musste ja die Super-Mutti spielen. Die, die alles schafft. Die, die alles im Griff hat. Und was ist jetzt? Ich habe überhaupt nichts im Griff. Ich habe noch nicht mal was an! Ich stehe splitterfasernackt auf der Bühne der Grundschule Antonstraße, nur bedeckt von einer Pappkuh mit gigantischem Euter! Niemals hätte ich den Engel spielen dürfen. Ich hätte mich einfach direkt als Hornochse melden sollen.

Dabei wollte ich meinen Kindern nur ein besonders schönes Weihnachtsfest bieten. Eines mit allem Drum und Dran. Wo ich doch letztes Jahr die Weihnachtstage über nur geheult hatte, weil mein Mann mit der Maklerschlampe durchgebrannt ist, die uns ein Reihenhaus mit Garten hatte beschaffen sollen, die es dann aber vorgezogen hatte, meinem Mann etwas ganz anderes zu besorgen. Und das in unserer Garage.

Vor den Augen meiner Kinder. Wir wollten aus dem Fahrradanhänger Pauls kaputte Laterne holen, um sie zu reparieren, und fanden Robert mit geschlossenen Augen und heruntergelassenen Hosen an unseren Voyager gelehnt, den wippenden roten Pagenkopf der Maklerschlampe vor seinen Lenden.

»Auto putt«, stellte Paul fest. Als wir im Urlaub eine Reifenpanne gehabt hatten, hatte Robert auch laut gestöhnt, weil es so schwierig gewesen war, die Radmuttern loszuschrauben. Robert machte die Augen auf, einen Moment lang war sein Blick noch von Verzückung verschleiert, dann landete er in der Realität, lief rot an, schob den roten Schopf von sich.

»Mama, was macht Papa da?«, hatte Lea gefragt. Die Maklerschlampe schaute verwirrt zu ihm hoch, bemerkte, warum er plötzlich abgelenkt war, und stand auf. Ich hatte dem Ganzen merkwürdig unbeteiligt zugesehen. So ähnlich muss es sein, wenn einem ein Hai den Fuß abbeißt, man weiß irgendwie, was da passiert ist, kann es aber nicht mit sich selbst in Verbindung bringen. Schock nennt man das, glaube ich. Robert knöpfte seine Hose zu, die Maklerschlampe schüttelte ihr Haar und zog den Lippenstift nach.

»Carla ...«, setzte Robert an, wusste aber nicht weiter. Ich ging an ihm vorbei, nahm Pauls Laterne aus dem Anhänger.

»Pass demnächst besser darauf auf«, sagte ich zu Paul, als ich das zerrissene Eisbärengesicht betrachtete, »das können wir nicht mehr kleben.« Dann nahm ich meine Kinder an der Hand und ging mit ihnen in den Schreibwarenladen, wo ich eine grinsende Mondlaterne für Paul und ein leuchtendes Gespenst für Lea kaufte. Der Schockzustand dauerte von Sankt Martin bis Weihnachten. Dann ging das Heulen los. Es war furchtbar. Ich war eine nicht versiegen wollende Quelle, die Tränen strömten aus mir heraus, und ich konnte nichts dagegen tun. Meine Mutter holte die Kinder am ersten Weihnachtstag zu sich, und ich heulte vor Erschöpfung und weil die Vanillekipferl nichts geworden waren. Dann heulte ich, weil Robert nicht mehr den Baum schmückte, dafür aber mit meinen Kindern zu McDonalds fuhr, um dort ein Weihnachtsessen einzunehmen. Und am nächsten Tag heulte ich, weil ich es nicht geschafft hatte, meinem Mann alles zu geben, sodass er gezwungen gewesen war, sich anderweitig Vergnügen zu suchen.

»Bist du bescheuert?«, meinte meine Freundin Britta. »Es ist doch nun wirklich nicht deine Schuld, dass er fremdgeht.«

»Aber ich hätte ihm mehr Sex bieten müssen«, flennte ich.

»Welche Frau schafft es, zwei Kinder großzuziehen, einen Haushalt zu schmeißen und dem Mann in der Garage einen zu blasen?«, fragte sie. »Keine. Also. Es ist nicht deine Schuld, dass Robert ein Arsch ist.«

Bis Karneval hatte ich mich wieder im Griff. Fand ich. Ich brezelte mich auf. War total stolz, dass ich durch den emotionalen Stress vier Kilo abgenommen hatte und mich wieder in einen Dress aus längst vergangenen Tagen zwängen konnte.

»Was ist das denn, dein Fick-mich-Kostüm?«, spottete Britta angesichts meines silbernen Latex-Catsuits und der künstlichen pinken Lockenmähne.

»Ist es etwa verboten, sexy auszusehen?«, gab ich schnippisch zurück und trank zum Aufwärmen noch ein Glas Sekt. »Heute will ich Spaß haben«, gab ich die Parole für Weiberfastnacht aus.

»Na denn, Prost«, sagte Britta. Sie trug wie immer ihr Gartenzwergkostüm. Ich hatte jede Menge Spaß. Es war noch nicht drei Uhr nachmittags, und ich war schon randvoll.

»Wollen wir nicht mal ne Currywurst essen?«, fragte Britta.

»Gute Idee«, lallte ich. In der Pommesbude herrschte dichtes Gedränge, und plötzlich stieß ich auf den Vater von Tobias, einem Schulfreund von Lea. Keine Ahnung, wie es passierte, aber statt Pommes rot-weiß hatte ich auf einmal seine Zunge im Mund, und wir knutschten wie zwei total enthemmte Teenager. Dann wurde mir schwindelig, und er brachte mich zu sich nach Hause, und dort hatten wir Sex. Jedenfalls hat er das gesagt. Meine Erinnerung endet damit, dass ich über seine Bayern-München-Bettwäsche gelacht hatte. »Kerstin hat die ganze Satinbettwäsche mitgenommen, als sie ausgezogen ist«, hatte er sich entschuldigt. Was danach passiert ist, weiß ich nicht mehr.

»Oh Gott, wie peinlich«, jammerte ich, als ich wieder nüchtern war. »Aber vielleicht hab ich doch nicht mit ihm geschlafen?«, fragte ich Britta hoffnungsvoll am Telefon.

»Glaub mir, in der Pommesbude sah es absolut nicht so aus, als ob du noch irgendwelche Hemmungen gehabt hättest.«

»So schlimm?«

»Jep.«

Das schlechte Gewissen nagte an mir wie ein Holzwurm am Gebälk. Es war nur noch eine Frage der Zeit, bis ich zusammenbrechen würde. Kurz danach erfuhr ich, dass Paul den ersehnten Kindergartenplatz bei der Affenbande, einer Kita um die Ecke, bekommen hatte. Die erste gute Nachricht seit langem. Als die Sommerferien vorbei waren, brachte ich ihn zum ersten Mal dorthin. Ich lächelte tapfer, als er mir winkte, aber sobald ich aus der Tür war, flennte ich wie ein kleines Mädchen mit Heimweh. Lea in der zweiten Klasse und Paul im Kindergarten. Mein Mann weg. Und ich zweiundvierzig. Und nutzlos.

»Du musst dir wieder einen Job suchen«, sagte Britta, und sie hatte Recht. Aber nach über sieben Jahren ist das gar nicht so einfach. Ich fühlte mich dem Arbeitsleben noch nicht gewachsen. Vor Leas Geburt war ich eine Top-Eventmanagerin gewesen, hatte zehn, zwölf Stunden am Tag gearbeitet, oft auch an den Wochenenden. Das konnte ich mir nicht mehr vorstellen. Ruh dich erst mal aus. Finde zu dir selbst. Reich endlich die Scheidung ein. Dann wird das mit dem Job auch klappen. Okay, das mit der Scheidung war schwierig, aber die ersten zwei Dinge auf meiner To-do-Liste schaffte ich locker in die Tat umzusetzen. Wenn die Kinder aus dem Haus waren, legte ich mich wieder ins Bett. Gegen elf machte ich mir eine Riesenkanne Kaffee und setzte mich mit Marmeladentoasts vor den Fernseher und guckte Talkshows. Bevor man zu sich selbst findet, muss man sich ja erst mal informieren, wie man nicht sein möchte, oder? Und es tat gut zu sehen, dass ich nicht die Einzige war, deren Leben von der Spur abgekommen war. Also guckte ich, wie sich Menschen mit bescheidenen kommunikativen Fähigkeiten gegenseitig runtermachten, und dachte, so schlimm ist es bei mir zum Glück nicht. Doch dann sagte Britta eines Tages: »Meinst du nicht, du verschwendest deine Zeit?« Ich wusste, dass sie eigentlich Gerta, eine 46-jährige dauerbetrogene Ehefrau, meinte, aber ich fühlte mich angesprochen. »Doch«, sagte ich.

»Gibt es irgendein Anzeichen, dass er seinen Fehler bereut?«, fragte Britta. Und während Gerta händeringend nach Hinweisen für die Besserung ihres Mann suchte, wurde mir klar, dass Robert auf keinen Fall reumütig zurückkommen würde. Und wenn, dann würde ich bestimmt nicht auf ihn warten. Und endlich ging ich zum Anwalt und beauftragte ihn, meine Scheidung durchzuziehen. Ich war so stolz auf mich, dass ich danach shoppen war und einfach so, nur für mich, sündhaft teure und wahnsinnig sexy Unterwäsche kaufte, obwohl sie niemals jemand zu sehen kriegen würde. Aber der rosa-schwarze Seiden-BH samt passendem Tanga mit süßer Samtschleifchen-Verzierung an der Seite war schöner als alles, was ich bisher an Dessous besessen hatte. Das ist mein Neuanfang, sagte ich mir, und fühlte mich plötzlich beschwingt und leicht. Ich würde es schaffen. Ich würde mein Leben in den Griff kriegen.

Am Nachmittag war ein Elterntreffen von Leas Klasse. Es sollte über die Organisation der Weihnachtsfeier gesprochen werden. Heute hätte ich absolut nichts dagegen gehabt, Sascha, meinen Karnevalsflirt, zu treffen. Mit Lingerie für hundertzwanzig Euro am Leib, konnte man sich gar nicht mehr peinlich berührt fühlen. Aber Sascha war nicht da, dafür seine Exfrau Kerstin. Schade. Frau Gruber, die Klassenlehrerin, sagte, dieses Jahr wäre es an der 2b, das Krippenspiel zu gestalten, und dafür bräuchte sie viel Unterstützung durch die Eltern, weil sie mit den Zeugnissen so viel Arbeit habe und überhaupt so eingespannt sei. Proben, Kostüme, Bühnendekoration, all das müsse organisiert werden, sie wisse, das sei nicht gerade wenig, aber dafür hätte man auch größtmögliche künstlerische Freiheit. Allgemeines betretenes Schweigen. Jeder wartete darauf, dass der andere sich meldete. Doch plötzlich hatte ich einen Geistesblitz. Ich würde das übernehmen! Ich hatte schließlich schon Veranstaltungen für zweitausend Leute mit allem Drum und Dran gestemmt. Dagegen war ein Krippenspiel eine Kleinigkeit! Ehe ich michs versah, sagte ich, ich bin Eventmanagerin, ich mach das. Alle atmeten auf und fingen an zu klatschen. Besonders Frau Gruber strahlte. Und ich freute mich. Freute mich richtig, mal wieder Adrenalin zu spüren, das von den Aufgaben einer Organisation herrührte, und nicht davon, dass Paul unablässig mit seiner Plastikzange Blätter von meinem Hibiskus riss. Die Feier würde ein Wahnsinnserfolg werden, das Event des Jahres, die Leute würden sich bei mir bedanken und sagen, so eine tolle Weihnachtsfeier hätten sie noch nie erlebt. Ha! Ich war eben ein Profi. Ich machte mich sofort an die Arbeit.

Als Erstes rief ich meinen Freund Lukas an, der gefragter Bühnenautor war und schon viele erfolgreiche Theaterstücke geschrieben hatte. Ich gab ihm das Skript vom letzten Jahr und bat ihn, es ein bisschen aufzupeppen. Moderner zu machen. Frecher. Er war sofort Feuer und Flamme. »Ein abgefahrenes Krippenspiel wollte ich schon immer mal machen«, rief er, »wenn du willst, inszeniere ich es auch.« Das hatte ich kaum zu hoffen gewagt.

»Wow, das wäre super«, sagte ich. Mit ihm als Regisseur würden wir jede Menge Gratis-PR durch lokale Presse bekommen. *Erfolgsregisseur inszeniert märchenhaftes Weihnachtsstück, Eventmanagerin Carla Kessler leistet ganze Arbeit* … Womöglich kämen danach jede Menge Agenturen von ganz alleine auf mich zu und böten mir einen Job an! Das war meine Chance!

Zwei Wochen später präsentierte ich den Eltern das Stück.

»Ist das nicht ein bisschen zu … unkonventionell?«, fragte Michaela, so eine spießige Tussi und Mutter der Zwillinge Elisabeth und Viktoria.

»Glaub mir, es gibt nichts Besseres als überraschende

Wendungen, das hält das Publikum in Atem«, antwortete ich.

»Aber eines steht fest«, sagte Michaela pampig, »meine Kinder spielen nicht den Selbstmordattentäter.«

Mist. Ich hatte irgendwie geahnt, dass das Ärger geben würde. Aber Lukas hatte mich davon überzeugt, dass es der Geschichte einen ganz anderen Drive geben würde, wenn ein durchgeknallter Fundamentalist den Stall von Bethlehem in die Luft zu sprengen droht. Kaum hatte Michaela das kleine Wort »Selbstmordattentäter« ausgesprochen, wogte eine Welle der Entrüstung durch den Raum. Alle regten sich tierisch auf.

»Hey, Leute, ruhig«, mahnte ich, »er sprengt sich und den Stall doch gar nicht in die Luft. Er sieht das Jesuskind, und ihm wird klar, dass wir alle nur Menschen sind, und er …«

»Als er *Gottes Sohn* sieht, wird ihm klar, dass alle nur Menschen sind?«, unterbrach Kerstin, Saschas Ex, und zog arrogant eine Augenbraue hoch. »Das ist ja eine tolle Message für die Weihnachtsgeschichte.«

»Wichtig ist doch nur, dass er geläutert wird und die Bombe nicht zündet«, sagte ich bemüht freundlich. »Außerdem hatten sie letztes Jahr in Sankt Anna einen Marsmenschen beim Krippenspiel, und alle waren begeistert. Da können wir doch auch mal innovativ sein!«

Aber die Elternschar ließ sich nicht umstimmen. »Also gut«, gab ich schließlich nach, »Selbstmordattentäter gestrichen.«

Als sie aber auch anfingen, über Melchior als schwarzen Rapper zu diskutieren, war für mich Schluss. »Leute, wenn es euch nicht gefällt, dann müsst ihr euch selber um die Organisation kümmern«, sagte ich und fühlte mich wie früher, wenn ich dem Kunden klipp und klar gesagt hatte, es koste soundso viel und keinen Cent weniger, ansonsten könne ich es nicht machen. Das hatte auch immer funktioniert. Aber Eltern sind die schlimmsten Kunden.

»Aber Balthasar war doch der Schwarze«, warf jetzt Beate, Mutter von Alexander, wichtigtuerisch ein.

»Blödsinn, das war Caspar«, wusste Kerstin. Es war zum Mäusemelken. Wenn das so weiterging, waren wir Silvester noch dran. »Wenn ihr genau hinschaut, liebe Leute, sind genau wegen dieser ewig währenden Frage in unserem Stück alle drei heiligen Könige schwarz«, sagte ich süffisant. »So, und jetzt zur Regie. Der bekannte Autor Lukas Taler, der das Stück geschrieben hat, wäre bereit, den Job zu übernehmen.«

Ich hatte eigentlich erwartet, dass alle begeistert »ja super!« rufen, aber nichts da. Schon wieder ging das Gemecker los.

»Sollte das nicht besser ein Elternteil übernehmen?«, fragte Dirk, Vater von Keine-Ahnung.

»Machst du es?«, gab ich freundlich zurück.

»Ach so, nee, das geht nicht, sorry, zu viel Stress bei der Arbeit«, murmelte er.

»Sonst noch jemand, der das machen möchte?«, rief ich in die Runde. Ich sah in einige unentschlossene Gesichter und fügte schnell hinzu: »Wer mit Kostümen,

Setdesign, Programmheften, Ankündigungsplakaten, Lichttechnik, Catering und Entertainment-Events rund um das Krippenspiel noch nicht ausgelastet ist, soll sich melden!«

Alle Finger blieben unten, und damit war die Sache geritzt. Ich setzte den nächsten Termin für die erste Probe fest, bei der Lukas die Rollen verteilen würde.

»Josef, ich kann nicht mehr«, las Cora gestelzt, »meine Füße sind platt wie zwei Fla... Flu... Flundern.«

Lukas stöhnte leise auf. Cora war schon die dritte Maria, die wir hörten. Eine war schlechter als die andere. Ich kam mir vor wie in der ersten Castingrunde von »Deutschland sucht den Superstar«, wenn die versammelte Talentfreiheit auflief, um sich zum Affen zu machen. Was hast du erwartet, es sind Kinder, ermahnte ich mich. Dann war Lea an der Reihe. Sie war die Erste, die bei ihrem Vortrag aufstand, weil sie den Text auswendig konnte, sie gestikulierte, hielt sich den dicken Kissen-Bauch, machte eine leidende Miene, kurzum – sie war wirklich klasse. »Gut, gut, gut«, rief Lukas begeistert, »da haben wir ja unsere Maria!«

Lea strahlte. Ich auch. Die anderen Eltern nicht.

»Aber Elisabeth war mindestens genauso gut«, nörgelte Michaela.

»Und Cora auch«, sagte ihre Mutter.

»Sollen vielleicht drei Marias in dem Stück mitspielen?«, fragte Lukas und lächelte sirupsüß, »ist kein Problem. Ich muss nur den Titel ändern in ›Josef, der Bigamist‹.«

»Dann spiele ich aber den Engel«, rief Elisabeth.

»Ich auch«, schrie Viktoria.

»Nein, ich«, kreischte Cora.

Lukas stöhnte. »Jetzt suchen wir erst mal den Josef. Also, wer möchte anfangen?«

Da nur Alexander wirklich Interesse hatte, war der Josef-Part schnell vergeben. Die anderen Jungs wollten lieber einen der Heiligen-drei-Königs-Rapper spielen. »Hey yo, da vorne ist 'n krasser Stern, go, homie, go, das Ziel ist noch fern.« Da wir nachher fünf Jungs hatten, die es alle gleich gut gemacht hatten, verständigten Lukas und ich uns per Augenzwinkern, dass wir in dem Fall fünfe gerade sein und alle mitspielen lassen würden. Und dann kam der Augenblick, auf den alle Mädchen gewartet hatten.

»So, jetzt zum Engel«, sagte Lukas. »Das Wichtigste für die Aussage des Stücks ist, dass das himmlische Wesen sich abhebt vom Rest der Schauspieler.« Lukas warf einen gewichtigen Blick in die Runde. »Die Stereotypisierung der empyreischen Engelerscheinung steht im Gegensatz zu seinem Szene-Jargon und erschüttert so das bequeme Fundament der Gewohnheiten des Publikums …«

Es war völlig klar, dass niemand wusste, wovon er überhaupt redete. Ich sah, wie die Mädchen mit großen Augen Lukas verfolgten, wie er plötzlich aufsprang und seine Vision von einem Engel darbot. Er breitete die Arme aus und rief: »Hey, ihr Hirten, himmlische News! Keine Panik! Kommt ran! Die frohe Botschaft gibt's heute per Flatrate!« Er warf sich ins Hohlkreuz und wedelte theatralisch mit den Armen. Dann beendete er seinen Auftritt und sagte ruhig: »Und für mein Stück ist es elementar, dass der Engel größer ist als einen Meter zwanzig. Den muss eine der Mütter spielen.«

Cora fing sofort an zu flennen. Ihre Mutter sagte: »Aber es ist doch ein Stück für Kinder. Da haben Erwachsene nichts drin zu suchen.«

»Genau«, pflichtete ihr Michaela bei. »Hauptsache, die Kinder haben Spaß.«

»Die Kinder werden mehr Spaß haben, wenn den Zuschauern das Stück gefällt«, sagte Lukas spitz. »Und der Engel muss nun mal über alle hinausragen.«

»Kann denn nicht eines der Kinder auf eine Leiter steigen?«, schlug Dirk diplomatisch vor.

»Versicherungstechnisch unmöglich«, warf ich ein. »Wenn da was passiert, zahlt niemand dafür.«

»Ihr habt es gehört – also, wer von den Damen möchte?«, rief Lukas. Aber niemand meldete sich. Abgesehen von dem Schluchzen von Cora und Viktoria und Elisabeth blieb es still.

»Das Stück muss perfekt werden«, beharrte Lukas, »mit einem zweitklassigen Ensemble gebe ich mich nicht zufrieden.«

»Meine Tochter ist nicht zweitklassig«, schrie Coras Mutter. »Sie wäre ein toller Engel.«

»Meine Töchter auch!«, schrie Michaela.

Lukas verdrehte die Augen. »Wisst ihr was, Leute, kein Problem. Ich nehme mein Stück und gehe, dann könnt ihr es so stümperhaft machen, wie ihr wollt.«

Nein! Nein! Nein! Das durfte auf keinen Fall passieren!

»Das wär für alle das Beste«, murmelte jemand.

»Also gut«, hörte ich mich sagen, »ich mach's.«

Coras Mutter schrie erzürnt auf.

»Das darf doch nicht wahr sein«, stöhnte Michaela.

»Das ist einfach nur traurig«, befand Kerstin und schüttelte voller Verachtung den Kopf.

»Danke«, sagte Lukas, »wenigstens eine, die mich hier unterstützt.«

Natürlich war das ein Fehler. Ist mir völlig klar. Jetzt. Aber damals hatte ich nur helfen wollen. Und stand da wie eine durchgeknallte Eislaufmutti, die ihr Kind ins Rampenlicht zerrt und sich gleich mit. Um nicht als völlig selbstsüchtig zu gelten, opferte ich mich auf und organisierte den größten Teil der Weihnachtsfeier im Alleingang. Aber die anderen Eltern begegneten mir einfach mit Missachtung. Selbst als ich einige Fotos samt großem Interview mit Lukas, Lea und Alexander in der Rheinischen Sonntagszeitung unterbrachte, hatten sie kein Wort des Dankes für mich.

Ich hätte am liebsten alles hingeschmissen, aber das konnte ich Lea nicht antun. Außerdem hatte mich mein alter Chef schon angerufen und gesagt, dass er den Bericht über das Krippenspiel gelesen hätte und es sei ja toll, was ich da auf die Beine stelle, und vielleicht könne man im nächsten Jahr mal wieder telefonieren. Ich lud ihn ein, zur Feier zu kommen, weil es da noch eine Menge gäbe, das in der Zeitung gar nicht erwähnt worden wäre. Er sagte, er würde schauen, ob er es einrichten könne. Damit stand ich natürlich noch mehr unter Druck. Also beschaffte ich zusätzlich einige Aktionsstationen zum Thema Weihnachten, die rund um die Aufführung genutzt werden konnten.

»Wird das nicht zu viel?«, fragte Michaela.

»Site-Events gehören zu jeder professionell organisierten Veranstaltung«, sagte ich. Da sie das nicht zu beeindrucken schien, fügte ich an: »So emotionalisieren wir die verschiedenen Weihnachtsthemen, Armut, Hoffnung, Mitgefühl.«

»Und was kostet uns das alles?«

»Nichts«, sagte ich schnell. Dann würde ich eben den Streichelzoo, den die Frau aus dem Tierheim aus einigen ihrer bedauernswertesten Kreaturen zusammenstellen würde, aus eigener Tasche bezahlen. Und den Zauberkünstler auch, der aus Rinde, Stroh und Plastikbechern im Handumdrehen tolle Figuren bastelte, um den Kindern zu zeigen, dass es nicht viel braucht, um glücklich zu sein. Ich verbuchte es unter Werbungskosten. Wenn alles so laufen würde, wie ich mir das vorstellte, könnte ich mir schließlich zig Bewerbungen und haufenweise Vorstellungsgespräche sparen. Ich hatte so viel zu tun, dass ich es kaum schaffte, mit Lea zu Hause zu proben beziehungsweise mit Paul Plätzchen zu backen. Außerdem war ich so taktvoll gewesen, unsere Chefkostümschneiderin Michaela nicht darum zu bitten, auch mein Engelsoutfit zu nähen. So setzte ich mich am Abend vor dem großen

Tag mit einem Haufen weißer Satin an die Nähmaschine und wunderte mich, dass Nähen viel einfacher ist, als ich gedacht hatte.

»Die Frau mit den Tieren ist da. Wohin soll sie?«, rief Dirk vom Eingang aus. Da hatte ich schon einen detaillierten Lageplan gemacht, und trotzdem fragte mich jeder. »In eins vier b, neben den Kugelstand«, rief ich zurück. Ich war gerade dabei, Programmhefte auf einem Tisch zu drapieren.

»Wie bitte?«, schrie er.

Es war zu dumm, dass wir keine professionelle Ausrüstung hatten, sonst hätte ich ihn jetzt per Headset und Funkverbindung zur Schnecke machen können. Auch Leas altes Walkie-Talkie hatte leider außer Rauschen nichts mehr zustande gebracht. So blieb mir nichts anderes übrig, als ihn per Winken in die Ecke neben dem Stand mit den selbst zu bemalenden Weihnachtskugeln zu dirigieren. Aus dem Augenwinkel sah ich Dirk und die Frau aus dem Tierheim mit drei Tierboxen und einigen Hunden an Leinen durch die Aula gehen. Ich hatte extra eine Ecke für sie abgesperrt und mit Stroh ausfüllen lassen, damit die Tiere sich friedlich und bescheiden dorthin legen und die Kinder zu Anteilnahme an ihrem freudlosen Leben animieren würden – und die Eltern zu Spenden. Die Tiere sollten die Armen repräsentieren, die Ausgeschlossenen, die niemand haben will, die aber zu Weihnachten in die Gemeinschaft aufgenommen werden. Darauf war ich schon ein bisschen stolz. Und als ich es den

Eltern richtig erklärt hatte, hatte sogar Nörgel-Michaela nichts dagegen sagen können. Sie hatte selbst vorgeschlagen, dass die Kinder auch Futter für die Tiere mitbringen sollten, um die Freuden des Teilens kennenzulernen. Gute Idee, lobte ich sie und spürte für einen Moment einen Hauch der Harmonie durch die Gruppe wehen.

Die Schuldirektorin begrüßte die Eltern und lobte überschwänglich das diesjährige Fest, das alles übertreffe, was sie bisher an Weihnachtsfeiern in der Schule gesehen habe. Und sie bedankte sich bei Frau Gruber, die in einem kurzen Statement den Dank an die Eltern weiterleitete, wobei sie mich namentlich erwähnte. Zum Glück war da schon mein alter Chef da, der es tatsächlich geschafft hatte, zu kommen. »Hallo Xaver, schön, dich zu sehen!«, sagte ich und gab ihm Küsschen auf die Wangen.

»Ebenfalls«, sagte er und: »Es tut mir sehr leid, dass du dich von Robert getrennt hast. Aber es scheint dir zu bekommen, du siehst toll aus«, fügte er schnell an. »Und wie ich gesehen habe, spielst du nicht nur in der Organisation die Hauptrolle.« Er hob das Programmheft.

»Tja, das war leider unvermeidlich«, lachte ich etwas zu schrill, »was tut man nicht alles für ein perfektes Event.«

»Du sagst es. Und wann steigst du wieder bei uns ein?«

»Wann immer du willst, nur nicht gerade jetzt«,

scherzte ich und warf einen Blick auf die Uhr. »Ich bin zwar erst im zweiten Akt dran, aber am besten gehe ich jetzt mal.«

»Hals- und Beinbruch.«

Auf dem Weg zu den Umkleiden traf ich Robert. Er hatte Paul an der Hand.

»Hallo Carla«, sagte er.

»Hallo, mein Schatz.« Ich beugte mich zu Paul und küsste ihn. Zu Robert sagte ich: »Und wo ist sie?«

»Elena konnte nicht«, druckste er.

»Sie hat jetzt einen reichen Schnödel«, krähte Paul.

»Wie bitte?«

Robert schaute auf den Boden. »Hat einen anderen. Ist weg.«

»Schnöööödel«, rief Paul.

»Schnösel heißt das«, korrigierte ich.

»Gut siehst du aus«, sagte Robert, »die neue Frisur steht dir.«

»Ich muss jetzt gehen. Bis später.«

Ich winkte Paul und wäre beinahe mit Sascha zusammengestoßen, der plötzlich im Weg stand.

»Hallo, Carla, lange nicht gesehen«, sagte er. Obwohl ich meine teure Unterwäsche trug, wurde ich auf einmal nervös. Jetzt wusste ich wieder, warum wir an Karneval sofort angefangen hatten zu knutschen. Er sah einfach unverschämt gut aus, und der Blick aus seinen braunen Augen ließ einen Schwarm Schmetterlinge in meinem Bauch frei.

»Klasse siehst du aus. Wie ein Weihnachtsengel.« Er grinste.

»Warte erst mal ab, bis du mich in meinem Kostüm gesehen hast. Selbstgenäht!«

»Ich kann es kaum erwarten. Sollen wir anschließend deine Premiere feiern?«

»Mal sehen, ob es was zu feiern gibt«, sagte ich verlegen.

»Mit Sicherheit.« Er lächelte mich so unverwandt an, dass ich rot wurde. Ich schaute erneut auf die Uhr. »So, jetzt muss ich aber. Wir sehen uns später!«

»Viel G...«, setzte er an, aber ich unterbrach ihn: »Vor der Premiere wünscht man sich kein Glück!«

»Ach so. Na dann, bis später.«

Bisher war ich wegen meines Auftritts überhaupt nicht nervös gewesen, aber als ich von hinten auf die Bühne schaute, die der schwarze Vorhang noch vom Publikum trennte, musste ich nach Luft schnappen. Gleich würde auch ich hier stehen. Das letzte Mal auf der Bühne aufgetreten war ich in der zwölften Klasse. Damals war ich nur aufgeregt gewesen, weil meine Eltern im Publikum saßen und ich den Hauptdarsteller küssen musste. Dieses Mal war viel schlimmer: Mein Chef war da, dem ich mich beweisen wollte. Außerdem ein heißer Typ, den ich beeindrucken wollte. Und natürlich mein Exmann, dem ich zeigen wollte, dass es der Fehler seines armseligen Lebens war, mich zu verlassen. Abgesehen davon war ich die einzige Erwachsene zwischen lauter Kindern und somit quasi zu Bestleistung gezwungen. Das konnte nur in die Hose gehen.

»Hallo Mama«, sagte Lea, mit langem roten Leinenkleid schon als Maria verkleidet. »Mir ist schlecht.« Sie hielt sich den dicken Bauch.

»Das wird schon«, beruhigte ich sie, »wenn du erst auf der Bühne stehst, geht das weg.« Ich glaubte mir selbst nicht.

»Nein, dann wird es schlimmer!«, entrüstete sie sich, »ich bekomme schließlich ein Baby.« Sie grinste mich an.

»Bist du denn gar nicht aufgeregt?«, staunte ich.

»Weswegen sollte ich aufgeregt sein?«, gab sie zurück, »ich bin die Mutter Gottes!« Sie drehte sich einmal im Kreis und verschwand in der Umkleide. Ich seufzte und wünschte, ihre Unbefangenheit würde mich anstecken. Ich beobachtete, wie der Vorhang aufging und sie mit Josef am Arm über die Bühne schritt. Ich konnte mich noch genau an ihre ersten Schritte erinnern, wie sie in der Küche mit stolzem Gesichtsausdruck auf mich zugewackelt war. Und jetzt war sie schon so groß. Fast hätte ich geweint, da lenkte mich auf einmal ein ohrenbetäubendes Gejaule ab. Es stammte nicht von Maria, die authentische Presswehen nachahmte, sondern eindeutig aus der Streichelzoo-Ecke. Blitzschnell lief ich in die Aula.

»Ich weiß nicht, was er hat«, sagte die Tierheimtante und deutete auf einen räudigen Fellhaufen mit drei Beinen, der zusammengekrümmt dalag und winselte. »Ich glaube, Köter ist schlecht«, stellte die Tierheimtante fest.

»Der Hund heißt Köter?«, fragte ich erstaunt.

»Glauben Sie, ich würde ihn sonst so nennen?«, gab sie spitz zurück.

Köter schüttelte es krampfartig, und er heulte auf. »Was ist denn passiert?«, fragte ich.

»Als Sie auf der Toilette waren, haben die Kinder ihn mit Dominosteinen gefüttert«, sagte ein Mädchen, das Köters Performance interessiert begutachtete.

»Aber wer hat den Kindern denn gesagt, dass sie die Tiere füttern dürfen?«, jammerte die Tierheimtante.

»Ich weiß nicht«, sagte ich schnell.

»Wer tut denn so was?« Die Frau beugte sich zu Köter und streichelte seinen Kopf.

»Es war …«, setzte das Mädchen an, aber ich drängte sie schnell zur Seite. »Jedenfalls muss Köter raus, sonst stört er die Aufführung«, sagte ich laut. Einige Zuschauer in der letzten Reihe warfen uns schon böse Blicke zu.

»Aha, verstehe«, sagte die Tierheimtante, »kaum machen die Tiere Probleme, werden sie entsorgt. Vielen Dank für Ihr Mitgefühl. Und Ihnen auch frohe Weihnachten.« Sie packte entrüstet die Katze und die zwei Kaninchen in die Boxen, schnappte sich Köter und brachte ihn raus. Applaus brandete auf. Der erste Akt war vorüber, der Vorhang ging zu. Mist. Ich hatte mich längst umziehen wollen, um in aller Ruhe meine Position einnehmen zu können. Schließlich eröffnete der Engel mit seiner Verkündung der Ankunft des Messias den zweiten Akt. Ich entschuldigte mich noch einmal ausschweifend bei der Tierheimtante, was sie mit einem »Phhh« quittierte, und rannte dann hinter die Bühne.

»Meine Güte, da bist du ja endlich«, fauchte Lukas mich an, »jetzt aber huschhusch in die Klamotten. Elisabeth und Viktoria haben dir dein Kleid schon zurechtgelegt.«

Elisabeth und Viktoria, die beiden leer ausgegangenen Zwillinge, standen wie zwei Tempelwächter neben meinem weißen Dress. Elisabeth hatte meine Perücke, Viktoria die Flügel. Kichernd überreichten sie mir mein Kostüm. Und blieben stehen. Ich brauchte aber dringend ein paar Minuten allein, um mich zu sammeln und meinen Text zu rekapitulieren. Aber ich konnte sie schlecht aus der Mädchenumkleidekabine schmeißen. Außerdem brauchte ich jemanden, der mir die Flügel mit den Sicherheitsnadeln festmachte. Also streifte ich schnell meine Sachen runter und das Kleid drüber, zog die Perücke auf. Die beiden halfen mir mit den Flügeln.

»Danke«, sagte ich schnell.

»Nichts zu danken«, antworteten sie, und es klang irgendwie boshaft. Papperlapapp, du bist nur nervös, sagte ich mir und ging hinaus, um meine Stellung zu beziehen und wenigstens einmal noch meinen Text durchzugehen. Die Hirten würden erst durch mein Rufen herbeiströmen, sodass die Bühne anfangs mir ganz alleine gehörte. »Hey, ihr Hirten, himmlische News! Keine Panik! Die frohe Botschaft gibt's heute per Flatrate!«, murmelte ich und warf die Hände auseinander, da machte es ratsch, und mein Kleid war links und rechts an der Naht offen. Ach, du meine Güte!

Ich stehe da wie gelähmt. Spüre einen kalten Wind an meinen Rippen. Die Weihnachtsmusik der Pause ist fast vorbei. Gleich wird der Vorhang aufgehen.

»Ihr Kinderlein kommet« fängt an, und ich weiß, ich habe noch ungefähr zwei Minuten, bis der Vorhang aufgeht und alle mich sehen. Halbnackt auf der Bühne! Mein Chef. Michaela und die anderen Eltern. Leas Klassenlehrerin. Da bemerke ich plötzlich, dass ich nicht nur halbnackt bin, sondern völlig nackt! Eine der süßen Samtschleifen an der Seite meines Tangas ist aufgegangen, und er hängt jetzt auf Kniehöhe.

»Oh la la«, sagt jemand, »das nenne ich mal ein sündiges Engels-Outfit.«

Ich schnappe mir blitzschnell die Flügel, an denen der ganze Rest des Kostüms hängt, halte sie mir vor den Busen und drehe mich um. Da steht Sascha. »Was willst du denn hier?«, blaffe ich ihn an.

»Äh, ich dachte, ich wünsche dir *kein* Glück. Soll ich später noch mal kommen?«

Normalerweise hätte ich jetzt geschrien, er solle verschwinden, aber das war absolut keine normale Situation. »Jetzt hilf mir halt«, sage ich. Wir nesteln die Sicherheitsnadeln aus dem Satinwust, Sascha reicht mir meinen schwarz-rosa Seiden-BH, und ich ziehe ihn gerade an, da kommt Robert mit einem Rosenstrauß. Meine Güte, was ist das für ein Menschenauflauf hier hinten! Sein Lächeln gefriert, als er mich mit Sascha hinter der Pappkuh entdeckt.

»Du hast ja wirklich überhaupt keine Scham«, sagt er. Dieser verdammte Mistkerl.

»Ach ja?«, schreie ich und merke nicht, dass in dem Moment die Pausenmusik endet, sonst hätte ich beim Folgenden die Stimme gedämpft. Hab ich aber nicht. Ich brülle ihn an: »Wenigstens lasse ich nicht vor den Augen meiner Kinder die Hosen runter.«

»Ähem«, macht Sascha und deutet mit dem Kopf auf den Vorhang, der sich von der Mitte aus öffnet.

»Beeil dich«, höre ich Sascha zischen. Er stülpt mir das Kleid über, als wäre ich eine Schaufensterpuppe, und da endlich kommt Leben in mich. Ich rücke die Perücke zurecht, Sascha platziert die Sicherheitsnadeln strategisch günstig und kriecht hinter der Schafherde aus Pappe von der Bühne. Als der Vorhang geöffnet ist und die himmlischen Klänge ertönen, spüre ich immer noch seine warmen Hände auf meiner Haut.

»Die Gestik war sehr reduziert, aber der Rest war wirklich großartig«, lobt mich Lukas hinterher, »du hattest so ein Leuchten im Gesicht. Und das kam nicht vom Scheinwerfer.«

Selbst Michaela und die anderen Eltern sind mit dem Stück zufrieden. Frau Gruber sagt, so was Schönes hätte sie noch nie gesehen. Sie hat sogar ein Tränchen im Auge. Dann sagt sie, halb im Spaß: »Wir engagieren Sie, Frau Kessler, wir haben bald Schulfest.«

»Nichts da«, sagt Xaver, »Frau Kessler fängt im Januar bei mir an, nicht wahr, Carla?«

Da sehe ich Lea und Paul. Sie kommen Hand in Hand auf mich zugelaufen. »Aber erst mal nur halbtags, Xaver, okay?«

»Ist gebongt«, sagt er.

Ich gehe in die Hocke und umarme Lea und Paul ganz fest.

»Mama, du warst ein ganz toller Engel«, sagt Lea.

»Und du eine phantastische Maria. Und du, Paul, du warst ein hervorragendes Publikum.« Als er mich auf der Bühne gesehen hatte, hatte er ganz laut »Da ist meine Mama« geschrien. Ich küsse beide.

»Mama, ich wünsche mir einen Hund zu Weihnachten«, sagt Paul.

»Einen Hund?«, rufe ich entsetzt.

»Er braucht auch gar nicht viel Platz«, sagt Paul, »er hat nämlich nur drei Beine.«

»Lass mich raten«, schmunzele ich, »er heißt Köter.«

Paul nickt, und seine Augen leuchten wie schon lange nicht mehr.

Gina Greifenstein

Küsse für den Nikolaus

Der Wecker klingelte unsanft in ihren Tiefschlaf hinein, penetrant und unerbittlich.

»Mistding«, murmelte Silke schlecht gelaunt und tastete schlaftrunken nach dem Wecker.

Endlich fand sie den Störenfried und drückte entnervt auf den Alarmknopf. Wie lange dieses blöde Ding wohl schon klingelte?, sinnierte sie, während sie sich ins Kissen zurücksinken ließ. Wahrscheinlich schon eine halbe Ewigkeit, und wahrscheinlich war ihre komplette Nachbarschaft inzwischen hellwach und aus den Federn, während sie nahe dran war, wieder in selige Träume abzutauchen.

Komisch, es klingelte weiter.

Und überhaupt, war heute nicht Samstag? – Genau, es war Samstag, der Wecker durfte eigentlich gar nicht klingeln!

Verflixt, das war ja das Telefon und nicht der Wecker!

Silke rappelte sich hoch, und ihr Blick streifte das Zifferblatt ihres Weckers. Halb acht – wer, um Himmels willen, rief sie denn an einem Samstag zu dieser unmenschlichen Zeit an? Sie würde den Anrufer erbarmungslos zur Schnecke machen, beschloss sie, und schlug widerstrebend die warme Bettdecke zur Seite – wenn der Anrufer nicht genau dann auflegte, wenn sie den Hörer abnahm ... Dieses Phänomen kannte sie aus Erfahrung.

»Wer stört?«, blaffte sie in den Hörer, den sie mitten in einem Klingeln aus der Station gerissen hatte.

»Silke?«, fragte eine Stimme zaghaft am anderen Ende der Leitung.

»Wer denn sonst, Schwesterherz – immerhin hast du doch meine Nummer gewählt!« Sie gähnte herzhaft und lehnte sich fröstelnd an den Heizkörper in der Küche. Wenn sie schon mal wach war, konnte sie sich auch gleich einen Kaffee kochen, entschied sie und schaltete die Kaffeemaschine ein.

»Hast du etwa noch geschlafen?«, fragte Marion allen Ernstes.

»Noch?! Es ist gerade mal halb acht, und es ist Samstag – es ist mein gutes Recht, noch zu schlafen!«, kommentierte Silke etwas ungehalten und drückte auf den Knopf für doppelten Espresso. ... zumal ich das unbeschreibliche Glück habe, noch keine Kinder am Bein zu haben!, fügte sie im Stillen und ganz für sich hinzu.

»Oh«, erklang es kleinlaut aus der Ohrmuschel. »Soll ich später noch mal anrufen?«

»Bist du doof? Du hast mich geweckt – jetzt rede gefälligst auch mit mir!« Silke sah aus dem Fenster. Es war noch dunkel da draußen, und – auch das noch! –

es hatte geschneit. Sie sehnte sich in ihr warmes Bett zurück.

»Was ist denn jetzt? Hat es dir die Sprache verschlagen?«

»Ich merke doch, dass du böse auf mich bist …«

Silke schob einen Stuhl an die Heizung und setzte sich darauf – die Knie unters Kinn gezogen, den Rücken an den warmen Heizkörper gelehnt.

»Ich verspreche, dass ich noch viel böser werde, wenn du nicht gleich zur Sache kommst!«, drohte Silke der Schwester und nahm einen Schluck von ihrem Espresso. Er war bitter, aber sie spürte, wie er sie belebte.

»Ich möchte dich für Heiligabend zu uns einladen«, rückte Marion endlich mit der Sprache heraus.

Oh nee, auch das noch: eine glücklich verheiratete Marion, ihr sie stets anhimmelnder und immerzu »Schnäuzelchen« und »Herzelchen« flötender Ehegatte und vier emsig um sie herumwuselnde Kinderlein – das war das Letzte, was sie am Heiligen Abend erleben wollte! Und Kinderlein war das Letzte, was sie an ihren freien Tagen haben wollte – nichts gegen Kinder, nein wirklich nicht, auch nichts gegen Marions Rangen, die ja schließlich auch ihre Nichten waren, aber als Kindergärtnerin bekam sie unter der Woche immer eine Überdosis Kinder.

»Mama kommt auch!«

… und Mama als überglückliche Großmutter zwischendrin in all diesem Glück – na, bravo! Und jede zweite Frage an sie würde dann etwa so klingen:

»Wann gedenkst du denn nun endlich, mir Enkelkinder zu schenken?« Pah, sie hatte doch schon vier von der Sorte, genügte das nicht vollkommen? Wenn sich jeder Erdenbürger so eifrig vermehren würde wie Marion – nicht auszudenken!

»Heiligabend? – Oh, Schwesterlein, da hab' ich leider schon was vor!« Das war nicht einmal gelogen, also, nicht ganz gelogen. Eingeladen war sie tatsächlich, bei Isabell, die genau wie sie chronischer Single war – bis jetzt hatte sie zwar nicht eindeutig vorgehabt, dort hinzugehen. Wie schnell sich so was doch ändern kann – lieber eine Woche alleine mit Isabell als ein Heiliger Abend mit Mama und Marion und ihrer Sippe!

»Schade, dann komm doch wenigstens am ersten Feiertag. Da kommen Jörgs Eltern und sein Bruder zu uns zum Kaffee«, versuchte Marion zu locken.

Silke wurde hellhörig: diesen komischen Unterton kannte sie! Es waren nicht Jörgs Eltern, die sie stutzig machten, die waren ja ganz nett – es war der Bruder, der die Einladung verdächtig erscheinen ließ, denn den kannte sie noch nicht. Soweit sie sich erinnern konnte, war der damals bei Marions Hochzeit irgendwie im Ausland unterwegs gewesen. Lebte er nicht sogar in London? – Irgendsowas hatte sie damals mitbekommen. Wenn er auch nur annähernd wie Jörg war, dann war das allemal ein Grund, nicht zum Kaffee zu Marion zu gehen! Nichts gegen ihren Schwager, nein, als Schwager war er wirklich klasse, aber er war so ganz anders als die Männer, für die sich Silke generell und überhaupt interessierte. Altmodische Bundfaltenhosen und die dann auch noch in Feincord – nein, danke! Und noch schlimmer fand sie es, dass ihre Schwester nebst Mama sie stets und ununterbrochen mit irgendwelchen frei laufenden Männern verkuppeln wollten!

»Ich fühle mich echt geschmeichelt, meine Süße, aber ich habe keinen Appetit auf Jörgs Bruder!« Sie wollte Marions verzweifelte Versuche, sie unter die Haube zu bringen, gleich im Keime ersticken.

»Hansi ist echt nett … Und er ist auch Single!«

Aha, wusste sie es doch! Hansi? – Hieß früher nicht mal einer ihrer Wellensittiche Hansi? Sie wollte keinen Hansi kennenlernen, auf gar keinen Fall – Hansis trugen ganz bestimmt Bundfaltenhosen in Cord!

»Lass mich raten: Hansi ist erfolgreich und verdient jede Menge Geld, und er wurde von seiner letzten Frau oder Freundin ganz schrecklich enttäuscht, und er sieht natürlich richtig gut aus, und das war alles Mamas Idee?« Silke entschied sich für einen weiteren doppelten Espresso.

»Woher weißt du das?«

»Woher weiß ich was?«

»Na, das mit Mama?«

»Weil nur Mama solche Ideen haben kann und mir tatsächlich einen Mann mit Wellensittichnamen aufs Auge drücken würde!«

»Wir meinen es doch nur gut mit dir«, wehrte sich Marion am anderen Ende, und irgendwo hinter ihr kreischten die Kinder um die Wette.

»Wenn ihr es wirklich gut mit mir meint, dann verschont mich in Zukunft mit euren Verkupplungsplänen! Wenn ich nämlich einen Mann wollte, dann hätte ich schon einen!« Das stimmte zwar nicht so ganz, hörte sich aber sehr souverän an. In Wirklichkeit wäre es doch recht nett, wenn sie einen Mann an ihrer Seite hätte – aber tolle Männer waren eben dünn gesät, und natürlich nahm sie eben nicht alles, was sich ihr so anbot, und damit basta! Und überhaupt war das allein ihr Problem, Mama und Marion ging das nichts an, aber auch rein gar nichts!

»Dann komm doch wenigstens am zweiten Feiertag«, bettelte die Schwester unbeirrt weiter.

»Ohne diesen Hansi?«, fragte Silke vorsichtig nach.

»Ohne Hansi, der hat nur am Fünfundzwanzigsten Zeit.«

»Schwörst du das?«

»Also, Silke, wenn ich es doch sage: Er kann am zweiten Feiertag nicht!« Marion klang ein wenig beleidigt.

Herzzerreißendes Heulen brach ganz in Marions Nähe los – Silke konnte nicht deuten, welche ihrer vier Nichten das sein könnte. Sollte sie sich das wirklich antun – vier quicklebendige, laute, nie zur Ruhe kommende kleine Mädchen, die nichts auslassen würden, um die Aufmerksamkeit ihrer Tante auf sich zu ziehen?

»Versprechen kann ich es nicht«, gab sie ein klein wenig nach. »Ich sag dir rechtzeitig Bescheid, aber sei nicht sauer, wenn ich nicht komme!« Ihr blieben somit noch ziemlich genau zwanzig Tage, um sich zu entscheiden.

Marion gab sich auch zufrieden und versicherte, wie sehr sie sich freuen würde, wenn es klappen würde. Silke konnte nicht verstehen, warum sich Marion immer freiwillig so viel Arbeit aufhalste, denn sie würde wahrscheinlich schon tagelang vorher wie eine Wilde putzen und backen und kochen und dekorieren. Irgendwie war ihre Schwester total anders geartet als sie selbst.

»Dann hast du wahrscheinlich auch keine Lust, übermorgen zu uns zu kommen?« Silke fand, dass diese Frage irgendwie scheinheilig klang.

»Was ist denn übermorgen?«, fragte sie deshalb vorsichtig.

»Na, Nikolaus, übermorgen ist der Sechste.«

Ach ja, Nikolaus – seit Marion Kinder hatte, wurde dieser Tag immer gefeiert. Jörg war die letzten Jahre als Nikolaus verkleidet und laut polternd im Wohnzimmer erschienen. Komisch, als Nikolaus gefiel er Silke viel besser als in der Rolle des Cordhosen tragenden Ehemanns von Marion …

»Hat Melanie nicht letztes Jahr den Nikolaus als ihren Vater entlarvt?« Silke musste bei der Erinnerung an diesen Abend kichern. Daniela hatte steif und fest behauptet, dass der Nikolaus in ihrem Wohnzimmer ihr Papa war. Das würde man erstens an den Stiefeln erkennen, und zweitens fand sie es sowieso etwas seltsam, dass wir Großen überhaupt noch an den Nikolaus glaubten. Als sie drauf und dran war, am weißen Bart zu ziehen, blieb Jörg nichts anderes als die Flucht.

Irrte sie sich, oder druckste Marion etwas herum?

»Nun, wir haben dieses Jahr einen anderen Nikolaus ...«

Aha!, dachte Silke, und Du Rabenaas! dachte sie auch noch.

»Lass mich raten: Der liebe Hansi übernimmt die frei gewordene Rolle«, fragte Silke unumwunden.

»Wie kommst du denn darauf ... Na ja, du hast recht, er macht den Nikolaus für die Kinder«, gab die Schwester schließlich ungern zu.

»Hab' ich nicht gerade vor ein paar Minuten gesagt, du sollst diese blöde Kuppelei lassen?«

»Mensch Silke, Hansi ist aus England zurückgekommen und wohnt seit ein paar Wochen ganz in der Nähe – willst du jetzt nie mehr zu uns kommen, bloß weil er auch da sein wird?«, beschwerte sich Marion. »Er ist allein und kennt noch niemanden hier ...«

»Irgendwann werde ich ihn schon kennenlernen, aber ich will nicht eingeladen werden, weil er da ist. Und du sollst ihn nicht einladen, bloß weil ich da bin. Das ist einfach peinlich! ... Und überhaupt, wir sind schließlich erwachsene Menschen und brauchen niemanden, der uns sagt, wen wir unbedingt kennenlernen müssen und wer haargenau zu uns passt und solchen Mist!«

»Is ja gut, ich werde nie wieder Glücksfee spielen, versprochen. Überleg dir das mit dem zweiten Weihnachtstag, und sag mir Bescheid, ja? Die Mädels würden sich freuen!«

Marion hatte das Gespräch abrupt beendet, ein typisches Zeichen, dass sie beleidigt war. Na, das würde sich schon wieder einrenken, das wusste Silke.

Ihr Magen knurrte. Der Blick in den Kühlschrank erfasste bis auf eine verschrumpelte halbe Salatgurke aus Treibhauskulturen, zwei Becher Magerjoghurt und die Butterdose nur gähnende Leere. Im Brottopf sah es nicht viel besser aus: nur ein angetrockneter Kanten Brot, der wohl mehr für ein Pferd taugte als für einen hungrigen Menschen.

Es blieb ihr nichts anderes übrig, sie musste sich anziehen und einkaufen gehen, wenn sie übers Wochenende nicht verhungern wollte!

Unter der Dusche kam ihr eine noch viel bessere Idee: Sie würde in ein schnuckeliges Café gehen und sich dort ein exquisites Frühstück gönnen, mit Lachs und Sekt und anderen Köstlichkeiten. Das hatte sie verdient, fand sie.

Eine Stunde später saß sie an einem kleinen Tisch am Fenster, bestrich ein Körnerbrötchen dick mit Butter und drapierte großzügig zwei Scheiben Räucherlachs darauf. Draußen wirbelten noch immer riesige Schneeflocken, und sie beobachtete die dick eingemummelten Menschen, die auf der anderen Seite der Scheibe vorbeigingen.

Sie trank gerade einen großen Schluck von ihrer heißen Schokolade mit extra viel Schlagsahne, als ein Mann an ihrem Tisch stehen blieb und sie ansprach.

»Ist hier noch frei?«, fragte er mit angenehmer Stimme und sah sie erwartungsvoll aus himmelblauen Augen an.

Silke verschüttete fast ihren Kakao, als sie die Tasse ruckartig absetzte.

»Ja, aber ja, natürlich!« Sie versuchte, ihr strahlendstes Lächeln zustande zu bringen.

Der Mann setzte eine prall gefüllte Plastiktüte ab, schlüpfte aus seiner dicken Daunenjacke und hängte sie über die Lehne des Stuhles ihr gegenüber. Endlich setzte er sich, und sie konnte sein gut geschnittenes Gesicht genauer betrachten. Mann, sah der Mann gut aus!

»Ist ja mächtig was los hier«, sagte ihr Gegenüber und musterte interessiert ihr Frühstückssortiment.

»Also, Diät machen Sie wohl im Moment nicht, stimmt's?« Seine blauen Augen lachten sie an.

Silke betrachtete nun ihrerseits, was sie sich bisher vom Büffet geholt hatte: Lachs, Butter, Marmelade, Wurstsalat, drei verschiedene Käsesorten und ein Schälchen mit Müsli und Obstsalat. Im Brotkörbchen warteten noch zwei Brötchen auf die Vernichtung. Nach Diät sah das wirklich nicht aus.

»Man gönnt sich ja sonst nichts«, grinste sie verlegen.

»Der weiße Bart steht ihnen übrigens wunderbar!« Er deutete lachend auf ihre Oberlippe.

Mist, das passierte ihr immer wieder: ein Sahnebart – egal, ob sie nun heiße Schokolade oder Cappuccino trank! Verlegen wischte sie sich die Sahne vom Mund.

»Besser?«

»Besser, ja – aber nicht ganz so apart wie vorher!« Sein Lachen war einfach berauschend. »Was empfehlen Sie mir denn? Sie scheinen sich ja am Büffet bestens auszukennen.« Er stibitzte ihr ein Stück Käse und ließ es in seinem Mund verschwinden. »Hmm, der war schon mal ausgezeichnet. Bin gleich wieder da!« Er ging zum Büffet, und Silke konnte ihn nun im Ganzen und ohne dicke Jacke begutachten.

Groß war er und schlank, schien Sport zu machen, denn die Schultern, die in dem grob gestrickten Pullover steckten, schienen breit und durchtrainiert zu sein. In den ausgewaschenen Jeans steckte ein knackiger Hintern. Wie alt mochte er sein? – Ein paar Jährchen älter als sie, überlegte Silke und kaute achtlos auf dem Bissen Lachsbrötchen herum. Fünfunddreißig vielleicht, plus/minus zwei Jährchen, schätzte sie.

Er kam mit beladenem Teller an den Tisch zurück. Der Kellner brachte ihm ein Kännchen Kaffee.

»Mir steht Bart nicht besonders gut, sonst würde ich auch eine heiße Schokolade mit Sahne nehmen«, neckte er sie.

»Kann eben nicht jeder tragen.« Silke musste schmunzeln.

»Frühstücken Sie hier öfter?«, fragte der Fremde.

»Manchmal, wenn ich Zeit habe oder wenn mich meine Schwester viel zu früh aus dem Bett schmeißt, weil sie in aller Herrgottsfrühe meint, sie müsse mich unbedingt anrufen!«

»Ja, die liebe Familie – ich habe einen Bruder, der

ähnlich anhänglich ist und wahrscheinlich glaubt, zu viel Schlaf sei schädlich. Wir scheinen doch tatsächlich dasselbe Schicksal zu haben.« Er prostete ihr mit seiner Kaffeetasse zu. »Darauf sollten wir trinken!«

Silke stieß mit ihrer Kakaotasse an.

»Ich heiße Silke«, verriet sie in einem Anflug von Mut.

»Ich heiße Peter. Schön, dich kennenzulernen, Silke!«

Drei Stunden und vier Milchkaffee später verließ Silke das Café. In der Tasche steckte Peters Handynummer, und ihr Herz flatterte wie wild. Er würde sich melden, bald, hatte er versprochen, nur morgen und übermorgen hätte er leider keine Zeit, morgen ein paar wichtige geschäftliche Termine, übermorgen familiäre Verpflichtungen. Aber danach würde er anrufen, und sie solle sich doch schon mal überlegen, was sie dann unternehmen wolle. Tausend schöne Sachen fielen ihr da ein, nicht zuletzt ein gemütliches Bettchen ... Aber irgendwie waren solche Gedanken natürlich ganz schön übereilt.

Und überhaupt, vielleicht meldete sich dieses Prachtexemplar von einem Mann ja nie wieder bei ihr – wäre ja nicht das erste Mal.

6. Dezember – Nikolaustag. Peter hatte sich bis dato noch nicht gemeldet. Der Blick aufs Handy-Display im Fünfminutentakt brachte sie an den Rand des Wahnsinns. Natürlich hätte sie auch bei ihm anrufen oder

ihm eine klitzekleine SMS schicken können, aber das verkniff sie sich. Er hatte versprochen, anzurufen – also bitte, dann sollte er das auch tun! Sie lief keinem Mann mehr nach, aus diesem Alter war sie raus. Irgendwie war ihre Gruppe heute sowieso schrecklich lebhaft, und wie immer an solchen Tagen fragte sie sich, warum sie ausgerechnet Kindergärtnerin geworden war. Aber der Nikolaus war am Morgen da gewesen, das war für die Kleinen schrecklich aufregend gewesen. Wochenlang hatten sie Gedichte und Lieder gelernt, die sie vortragen durften, und es hatte natürlich auch Geschenke gegeben. Die Knirpse brauchten ihre ganze Aufmerksamkeit, und daher beschloss Silke gegen Mittag, das Handy ganz auszuschalten. Erst heute Abend nach Feierabend würde sie es wieder einschalten, basta!

Gegen drei kam Kollegin Karin in ihre Gruppe.

»Silke, Telefon, du musst im Büro rangehen.«

Wer rief sie denn während der Arbeit an? Mama vielleicht, war etwa etwas passiert?

Marion war es, und sie überschüttete sie gleich mit heftigsten Vorwürfen, weil sie ihr Handy ausgeschaltet hatte, wo doch ein Notfall eingetreten sei, und nur sie könne zur Rettung des Abends beitragen. Nach etwa zehnminütiger Litanei kam Marion endlich zur Sache: Hansi hatte abgesagt, und somit hatte auch der Nikolaus abgesagt.

»Das ist natürlich ein Ereignis, das dem Weltuntergang nahekommt«, bemerkte Silke sarkastisch. »Aber wie soll ich zu eurer Rettung beitragen? – Wie du weißt, habe ich derzeit weder einen Mann noch einen Liebhaber in Aussicht.« (Nun, irgendwie in Aussicht hatte sie da ja vielleicht doch jemanden, aber auch nur dann, wenn dieser Jemand sich wirklich und wahrhaftig bei ihr melden würde – aber das wollte sie Marion natürlich nicht auf die Nase binden!)

»Könntest du nicht den Nikolaus spielen? Du kannst doch so gut mit Kindern, und wenn du deine Stimme verstellst, merken die Mädels ganz bestimmt nichts!«, bettelte Marion und klang dabei richtig verzweifelt.

Erst wollte Silke ja dankend ablehnen, aber dann überlegte sie es sich anders. War vielleicht ganz witzig, sich als Nikolaus zu verkleiden, sich ein dickes Kissen unter die Jacke zu schieben und sich hinter einem langen, weißen Bart zu verstecken. Na, und ihr liebes Schwesterherz würde eine Standpauke zum Thema Verkuppeln bekommen, ha!

»Geht klar«, sagte sie zur Überraschung ihrer Schwester.

»Echt? Das würdest du wirklich tun? Du bist die beste Schwester, die ich habe!« Marions Stimme überschlug sich fast vor Begeisterung.

Silke wollte einwerfen, dass das ja nun nicht sonderlich schwer wäre, die beste Schwester zu sein, weil sie eh die einzige Schwester war, die Marion hatte, sagte es dann aber doch nicht.

»Kostüm und Bart und so hast du ja sicherlich?«, erkundigte sie sich stattdessen.

»Alles da, Schwesterlein, du musst nur rechtzeitig

kommen, damit wir dich verkleiden können. Mama holt die Mädchen um fünf zu einem Spaziergang ab, damit sie von dem Ganzen nichts mitbekommen.«

»Gut, dann komme ich gleich nach der Arbeit zu euch. Ach, hast du irgendwelchen Text vorbereitet, oder muss ich improvisieren?« Silke überlegte schon, was sie ihrer lieben Mutter aufs Brot schmieren könnte.

»Ich fürchte, du musst improvisieren, die Notizen sind bei Hansi, und ich erreiche ihn einfach nicht. Aber dir wird schon was einfallen, da mach ich mir keine Sorgen. – Aber, bitte, Silke, sei nicht so kritisch, besonders nicht mit Mama. Du weißt ja, wie schnell sie eingeschnappt sein kann!«, gab ihr die Schwester noch mit auf den Weg.

Oh, ja, keiner wusste besser als Silke, wie schlecht Mama mit Kritik umgehen konnte – wobei sie im Austeilen unumstrittene Weltmeisterin war. So manche Familienfeier in der Vergangenheit war zum Desaster ausgeartet, nur weil sie, Silke, ihre spitze Zunge nicht im Zaum halten konnte.

»Nein, keine Sorge, ich werde ganz zahm sein«, versprach sie deswegen.

Sie lief ihrer Mutter und ihren Nichten direkt in die Arme, als sie vor Marions Haus parkte. Die Mädchen tanzten aufgeregt auf dem Gehsteig um sie herum und riefen durcheinander, dass heute Abend der Nikolaus käme.

»Kommst du auch, Tante Silke?«, erkundigte sich Melanie und sah sie treuherzig an.

»Nein, leider nicht«, log Silke sie an und fühlte sich nicht ganz wohl dabei, auch wenn es ja nur eine Notlüge war und quasi dem guten Zweck diente.

»Oh, schade!«, maulte die Kleine und machte einen Schmollmund.

Ihre Mutter zwinkerte ihr verschwörerisch zu. Oh, Erwachsene konnten wirklich hinterhältig und gemein sein!

Dann zogen die fünf von dannen.

Marion schob sie gleich hinauf ins Schlafzimmer, wo das Nikolauskostüm schon ausgebreitet und einsatzbereit auf dem Bett lag.

Silke zog Bluse und Jeans aus und schlüpfte kichernd in die viel zu große knallrote Hose. Mit Hilfe eines dicken Daunenkissens schaffte sie es jedoch, den Hosenbund so auf Spannung zu bringen, dass sie die Hose nicht im Stehen verlieren konnte. Unter die überdimensionale Jacke musste sie drei handgestrickte Pullis von Jörg übereinanderziehen.

»Hast du eigentlich irgendwas am Laufen?«, fragte Marion, als sie ihr die weiße Perücke überstülpte.

»Irgendwas am Laufen?«, fragte Silke erstaunt – das war eigentlich gar nicht Marions Ausdrucksweise.

»Na, ob du verknallt in irgendjemanden bist?«

»Verknallt ist vielleicht nicht das richtige Wort, aber ich hab' da einen netten Typen kennengelernt. Peter heißt er, aber …« Sie machte eine Pause, um sich den Bart anzukleben.

»Aber?«, bohrte Marion nach.

»Aber er hat sich seit zwei Tagen nicht bei mir gemeldet.« Silke drehte den Kopf hin und her und betrachtete sich prüfend im Spiegel.

»Ein Nikolaus mit deutlich weiblichen Gesichtszügen«, murmelte sie in ihren Bart.

Marion zückte ihr Schminktäschchen und umrandete die Augen ihrer Schwester dick mit Kajalstift. Sie trat einen Schritt zurück und betrachtete ihr Werk.

»Und jetzt?«

»Jetzt sehe ich einen Nikolaus mit eindeutig weiblichen Zügen, der so aussieht, als habe er letzte Nacht wenig geschlafen!« Silke versuchte, grimmig dreinzuschauen.

Marion machte sich mit rotem Lippenstift an ihr zu schaffen und zauberte der Schwester eine rote Nase und rote Wangen.

»Besser, oder?«

»Nun ja, der unausgeschlafene Nikolaus mit den eindeutig weiblichen Gesichtszügen hat wohl auf einer Parkbank genächtigt und sich das Gesicht erfroren«, stellte Silke trocken fest.

Dann zupfte sie zwei wattebauschgroße Knäuel aus dem Bart und klebte sie auf ihre Augenbrauen.

»Das ist gut«, brummte sie zufrieden. »Hoffentlich geht der Kleber auch wieder ab, nicht dass ich den Rest meines Lebens mit dieser Gesichtsmatratze rumlaufen muss.«

»Ich weiß gar nicht, was du willst, der weiße Bart steht dir hervorragend«, lachte Marion.

»Das hat kürzlich schon mal jemand zu mir gesagt«, grinste Silke ungesehen in den Bart.

»Was nuschelst du da vor dich hin?«

»Nichts, gar nichts. Also, von mir aus kann es losgehen!« Probeweise warf sie den Sack über ihre ausgestopften Schultern und ging dabei fast in die Knie.

»Mann, was hast du denn da reingepackt? Steine?«, maulte der Nikolaus und spürte, wie ihm der Schweiß auf die Stirn trat.

»Geschenke, lieber Nikolaus, alles Geschenke. Und jetzt ab mit dir ins Gartenhaus, da kannst du dich noch ein bisschen abkühlen, bis die Kinder wieder da sind!« Marion schob den beleibten roten Mann aus dem Zimmer, die Treppe hinab und durch die Terrassentür hinaus in den Garten.

»Tschüß, lieber Nikolaus, bis später!«, rief sie kurz und schloss dann die Schiebetür.

Silke fühlte sich schrecklich albern, wie sie so in ihrer Verkleidung und irgendwie verloren in dem verschneiten Garten stand. Sie hatte Durst, und aufs Klo hätte sie auch noch mal gehen sollen, und was, wenn die Kinder sie erkannten, und überhaupt: Warum machte sie so was überhaupt mit!? Sie könnte jetzt in aller Ruhe dort drinnen in dem warmen, gemütlichen Wohnzimmer ihrer Schwester sitzen, ganz normal angezogen, und sich von Marion kulinarisch verwöhnen lassen, anstatt hier im Schnee herumzustehen und auf ihren Einsatz zu warten.

Sie stapfte über den schneebedeckten Rasen hinüber zum Gartenhaus. Wenigstens stand die Bank unter dem vorgezogenen Dach und war nicht zugeschneit. Schnaufend ließ sie sich daraufplumpsen.

Sie hörte Stimmen, helle Kinderstimmen, und ab und zu eine Erwachsenenstimme – die Stimme ihrer Mutter. Die fünf waren also zurück, und es waren nur noch ein paar Minuten bis zu ihrem Auftritt.

Melanie wirbelte ins Wohnzimmer, dicht gefolgt von Svenja, Clara und Marie. Das konnte sie alles von hier aus durch die große Fensterfront sehen. Ein wirklich idealer Platz für Spanner, fand sie.

Ihr nicht ausgestopfter Hintern wurde auf der Bank schnell kalt. Wurde echt Zeit, dass sie wieder ins Warme kam.

Durch das dicke Kissen hatte sie einige Schwierigkeiten beim Aufstehen, und prompt geriet sie wieder ins Schwitzen. Dann schulterte sie den schweren Sack und stapfte zurück zur Terrasse, wobei sie versuchte, die Fußabdrücke von vorhin zu benutzen – nicht, dass irgendeine ihrer aufgeweckten Nichten durch die Spuren im Schnee irgendeinen Verdacht hegen könnten.

Sie ließ ihre behandschuhte Faust dreimal an die Scheibe donnern, und alle im Wohnzimmer drehten sich erschrocken zu ihr um. Hätte sie vielleicht durch die Haustür kommen sollen? – Das hatte sie vorhin gar nicht mit Marion besprochen. Jetzt war es eh zu spät, denn Jörg kam zur Balkontür und öffnete sie weit.

»Kann ich Ihnen irgendwie helfen?«, fragte er gekünstelt wie der schlechteste Schauspieler in der schlechtesten Nachmittagsseifenoper.

»Ich bin der Nikolaus«, erklärte Silke mit ihrer tiefsten Stimme und hätte gerne ein »Siehst du das nicht, du Trottel?« hinzugefügt. »Ich bin auf der Suche nach braven Kindern – sind hier zufällig welche?« Sie stapfte an Jörg vorbei ins warme Zimmer.

Von Marion erntete sie einen ärgerlichen Blick – ups, sie hatte sich die Schuhe draußen nicht abgetreten und brachte jetzt Schnee mit herein, der hier im Warmen natürlich schnell schmolz und kleine Pfützen auf dem blank polierten Parkett hinterließ. Aber so sind Nikoläuse nun mal: sie kommen schließlich aus den tiefen Wäldern Grönlands (wenn es da überhaupt Wälder gibt!), und ihr Benehmen ist somit natürlich dementsprechend ungehobelt.

»Sind das hier brave Kinder?«, polterte Silke los und war froh, endlich den schweren Sack auf den Boden stellen zu können.

»Ja, ja«, piepste Marie, die Jüngste, aufgeregt, verkroch sich aber schnellstens hinter Mamas Beinen.

»So, so, und könnt ihr auch ein Gedicht aufsagen?«

Clara, gerade mal fünf, hob zaghaft die kleine Hand, räusperte sich und legte dann wie aus der Pistole geschossen und ohne zwischendrin auch nur einmal nach Luft zu schnappen los.

»Das muss die Clara sein«, brummte der Nikolaus und nickte der Kleinen anerkennend zu. »So schnell kann nämlich sonst kein Kind auf der Welt ein Gedicht aufsagen!« Es war schwer, mit den dicken Fäustlingen die richtigen Geschenke aus dem Sack zu kramen.

Clara errötete bis unter die Haarwurzeln und nahm die Pakete zaghaft entgegen.

»Lebt hier auch eine Svenja? Diese Svenja soll

besonders schön singen können.« Der Nikolaus studierte aufmerksam die Kindergesichter. »Du da siehst aus wie eine Svenja!«

Svenja nickte schüchtern, trat einen Schritt nach vorne und schmetterte drauflos, als gäbe es kein Morgen.

Silke hatte Mühe, ernst zu bleiben.

»Ho, ho, habt ihr das alle gehört? Das war sehr beeindruckend! Hier, kleine Svenja, das ist für dich.«

Da sich das Mädchen nicht von der Stelle rührte, trat Marion nach vorne und nahm die Päckchen in Empfang.

»In meinem geheimen Nikolausbuch habe ich nachlesen können, dass es hier auch noch eine kleine Tänzerin geben muss … Melanie war, glaube ich, ihr Name.«

Melanie trat mit gesenktem Kopf nach vorne. So still hatte Silke den kleinen Wirbelwind noch nie erlebt!

»Würdest du eventuell eine Pirouette für mich drehen, kleine Tanzmaus?«, fragte Silke mit sanfter Nikolausstimme.

Ohne den Kopf zu heben, drehte sich Melanie graziös auf ihren Zehenspitzen.

»Perfekt, wirklich perfekt«, lobte der Nikolaus. »Das hätte ich nicht besser machen können!«

Zum ersten Mal sah Melanie ihn an, betrachtete die klobigen Schuhe (›Hoffentlich erkennt der kleine Racker nicht die Gartengummistiefel ihres Vaters!‹, schickte Silke ein Stoßgebet gen Himmel) und den dicken Bauch und grinste plötzlich über das ganze Gesicht.

»Du glaubst wohl nicht, dass ich tanzen kann?« Er überreichte ihr die Geschenke, und das Kind schüttete stumm, aber energisch den Kopf.

»Ich kann genauso gut tanzen wie Nilpferde und Elefanten, das kannst du mir glauben!«

Die Kinder prusteten los.

»Und wer lacht denn da so frech? Ist das etwa die kleine Marie?«

Marie verstummte sofort und machte ein ernstes Gesicht.

Der Nikolaus beugte sich tief zu ihr nach unten.

»Mir ist zu Ohren gekommen, dass du eine tolle Bäckerin bist. Stimmt das?«

Marie nickte stumm.

»Stimmt es auch, dass deine Mama es dieses Jahr niemals schaffen würde, alle Plätzchen zu backen, wenn du ihr nicht helfen würdest?«

Das Nicken wurde heftiger, und sie sah dem Nikolaus mutig in die Augen. Strahlend nahm sie ihre Geschenke entgegen.

»Hast du auch ein Geschenk für Tante Silke?«, fragte sie mit Piepsstimme.

Dem Nikolaus wurde schlagartig noch heißer unter all den Pullovern.

»Wer ist denn Tante Silke? Von der stand nichts in meinem Buch«, brummte der Nikolaus düster und trat vorsichtshalber einen großen Schritt zurück in Richtung Terrassentür.

»Na, das ist doch Mamas Schwester. Die wollte eigentlich nicht kommen, aber ihr Auto steht doch vor der Tür!«

Das Auto, verflixt, wie konnte sie bloß so doof sein und genau vor der Tür parken? An die Fußspuren im Schnee hatte sie gedacht, auch an die Stiefel, aber keine Sekunde an das Auto!

Die Türglocke rette sie aus der prekären Lage.

Die Kinder stürmten allesamt in die Diele, und Jörg folgte ihnen.

»Onkel Hansi!«, erklang es vierstimmig und äußerst begeistert bis ins Wohnzimmer.

Der Nikolaus warf todbringende Blicke in Marions Richtung, doch diese zuckte nur mit Unschuldsmiene die Schultern.

Und da kam er schon herein: Onkel Hansi mit vier aufgeregt plappernden Kindern im Schlepptau. Silke überlegt kurz, ob sie die allgemeine Verwirrung nutzen sollte, um sich durch die Balkontür aus dem Staub zu machen.

Doch ein Blick auf diesen Hansi ließ sie zur Salzsäule erstarren: der Mann, der sich da mit Händen und Füßen gegen ihre aufdringlichen Nichten sanft zur Wehr setzen musste, war kein anderer als Peter, genauer gesagt: der Peter, der vor zwei Tagen mit ihr gefrühstückt hatte; der Peter, auf dessen Anruf sie seit diesem Frühstück wartete! Peter? ... Ha, und von wegen Peter, dieser Schuft, gab einfach einen falschen Namen an, und wahrscheinlich war auch die Handynummer falsch!

Mistkerlmistkerlmistkerl!

Und mit Sicherheit war diese blödsinnige Nikolausgeschichte haarklein von dieser Schlange von Schwester geplant und eingefädelt worden. Na, warte, du falsches Biest!

»Ähem«, räusperte sie sich laut und mit tiefster Stimme.

Der Tumult legte sich, und alle sahen sie erwartungsvoll an.

»Oh, ihr habt ja den Nikolaus zu Besuch!« Peter, oder besser gesagt Hansi, hob grüßend die Hand in ihre Richtung.

»Sehr wohl, und ich war hier noch nicht ganz fertig!«, polterte sie los.

»Ach, nicht?« Marion schien nichts Gutes zu ahnen.

»Nein. In meinem Buch steht noch ein Hansi – heißt hier jemand Hansi?« Silke sah über ihre wütende Schwester hinweg geradewegs in Hansis/Peters blaue Augen.

»Ja, hier, Herr Nikolaus.« Artig trat er vor.

»Stimmt es, dass du gelegentlich unter falschem Namen auftrittst?«

»Unter falschem Namen? Ich? – Da muss dich jemand falsch informiert haben, lieber Nikolaus.«

»Das glaube ich nicht. Du hast also noch niemals vorgegeben, Peter zu heißen?«

Hansi/Peter schien zu überlegen. Dann kniff er die Augen zusammen und forschte in ihrem Nikolausgesicht. Plötzlich erhellten sich seine Züge.

»Ich heiße Hans-Peter, lieber Nikolaus, und du

musst zugeben, dass Hansi in meinem Alter doch etwas albern klingt, nicht wahr?«

Silke musste schlucken, das war Peinlichkeitsstufe drei! Ihr wurde unerträglich heiß in ihrem Kostüm. Raus, raus, sie musste raus hier, raus aus diesen schrecklichen Klamotten.

»Ach, und noch was, Herr Nikolaus, ich wollte heute Abend eigentlich gar nicht hierherkommen, weil ich mich mit einer ganz niedlichen blonden Frau treffen wollte. Aber die hatte ihr Handy den ganzen Tag ausgeschaltet – vielleicht könnten Sie mir da ja irgendwie weiterhelfen?«

Hansi trat einen Schritt näher, grinste frech und zwinkerte ihr zu.

»Lieber Nikolaus, hat dir eigentlich schon mal jemand gesagt, dass dir dieser weiße Bart unheimlich gut steht?«

Marion glaubte ihren Augen nicht zu trauen, als ihr Schwager den Nikolaus mitten in ihrem Wohnzimmer küsste.

Katharina Gerwens

Willi der Achte

»Wie nennt sie ihn?«

»Acht.«

Renate sah ungläubig hoch. »Acht? Wieso das denn. Ist er etwa achteckig?«

»Nein«, antwortete ich und grinste. »Du kennst doch Hannelore. Sie sagt, ›Willi braucht so viel Beachtung und natürlich auch Achtung‹ – und ich wette, dass er auch unserer Beachtung bedarf, und deshalb hat sie ihn Acht genannt, damit sie das nicht vergisst.«

»So ein Schwachsinn. Die spinnt doch jetzt komplett. Dabei ist sie noch nicht mal vierzig.«

Ich hatte gewusst, dass Renate so reagieren würde. Sie war all unseren Freunden gegenüber zunächst einmal äußerst skeptisch eingestellt. Von einigen ließ sie sich überzeugen, andere hatten von vornherein bei ihr verloren.

Willi schien ein landläufiger Kandidat für die Verlustliste zu sein. Allein deshalb, weil Hannelore seine Beachtung einforderte.

»Und, hast du ihn schon gesehen?«, fragte Renate lauernd. »Ihr seid doch so eng miteinander.«

Ich log und rückte dann mit meinem eigentlichen Anliegen raus: »Nein. Aber sie will ihn uns vorstellen. Sie hat uns für nächsten Samstag zum Essen eingeladen. Dich und mich und natürlich auch unsere Männer.«

Meine Freundin Renate zierte sich. Keine kann sich so wunderbar zieren wie sie. Als wir zusammen pubertierten, nahmen Hannelore und ich bei ihr den sogenannten »Zickenunterricht«, erreichten aber nie Hannelores Perfektion.

Jetzt hob sie die Augenbrauen und spitzte den Mund. »Ich weiß nicht, ob ich den meinen dazu bringen kann, sich diesen Herrn Acht anzugucken, der ja so viel Beachtung braucht. Weißt du, Robert lechzt nämlich auch nach Aufmerksamkeit. Und unter uns gesagt: er braucht davon so viel, viel mehr, als er verdient.« Wieder dieses dramatische Geseufze, das bei jeder anderen Frau nur albern wirken würde. Bei ihr jedoch hatte es Klasse. »Du ahnst es sicher schon: In diesem Fall könnte es zu dramatischen Konkurrenzkämpfen am gedeckten Tisch kommen.« Sie dachte demonstrativ nach. »Andererseits, Hannelore kocht gut, und diesen Typen werden wir so oder so kennenlernen müssen. Es wird vermutlich kein Weg daran vorbeiführen. Dann doch lieber gleich bei einem perfekten Dinner.«

»Das wird sich Herr Acht auch gedacht haben. Es war angeblich seine Idee, dass seine Einführung bei einem Essen stattfindet«, ergänzte ich, und sie nickte.

»Ja. Liebe geht durch den Magen. Vermutlich hat sie ihn auch damit rumgekriegt. Gutes Essen, guter Wein.

Die Sinne benebelt, und schwups war er verliebt … und schätzte sie nur um ihrer selbst willen. Wegen ihrer feinen Seele und ihrer überaus korrekten inneren Werte.«

»Du bist gemein«, warf ich ihr vor.

Hannelore war unser Sorgenkind.

»Stimmt, gemein und realistisch«, gab sie unumwunden zu.

Unabhängig davon, dass Hannelore wirklich keine Schönheit war – und sich der Zickenunterricht bei ihr schon allein deshalb erübrigt hatte, weil sie grundsätzlich pure Dankbarkeit ausstrahlte, wenn sich ein Mann ihrer annahm –, hatte sie auch noch ein Händchen für extrem außergewöhnliche Typen, um es neutral auszudrücken. Renate pflegte Hannelores wechselnde Bekanntschaften mit dem Satz zu kommentieren: »Da hat sie mal wieder die weiße Fahne rausgehängt, und siehe da, ein Bedürftiger ist ihr erschienen.«

Jetzt also jemand mit dem Bedürfnis nach Achtung.

»Es hörte sich so an, als wisse er, was er an ihr habe«, widersprach ich halbherzig. »Und es wäre doch wirklich schön, wenn das jetzt mal was für länger wäre. Ich gönne es ihr von Herzen.«

Renate schüttelte ungläubig den Kopf. »Du meinst, Herr Acht achtet auch sie? Dann wäre ja ausnahmsweise mal alles im Lot. Aber ehrlich gesagt, ich glaube nicht mehr an Wunder.«

Mein Fehler ist, dass ich immer nur das Beste erwarte. Renate dagegen befürchtet ständig das Schlimmste.

Und Hannelore rechnet grundsätzlich nur in messbaren Einheiten: Stunden, Minuten, Sekunden, Kilogramm, Pfund, Gramm, Kilometer, Meter, Zentimeter. Als ich jetzt darüber nachdachte, wurde mir klar, dass ich sie noch nie das Wort »Ungefähr« habe sagen hören. Dieser Begriff existierte nicht für sie. Sie war eine Genauigkeitsfanatikerin. Sie erzählte mir von Willi, als sie ihn genau fünf Tage, zehn Stunden und sechsundzwanzig Minuten kannte.

Er war am fünfundzwanzigsten Oktober um acht Uhr vormittags als ganz normaler Fahrgast in ihre U-Bahn gestiegen. Sie hatte gerade ihren Führerstand verlassen, um sich am größten Umsteigebahnhof – der mit den dreieinhalb Minuten Aufenthalt – die Beine zu vertreten und sich dabei ganz kurz und unauffällig zu recken. Und dann stand dieser Mann neben ihr, suchte ihren Blick und fand ihn, und seine Augen waren graugrün: graugrüne Schieferplatten, auf denen ihr Herz ins Rutschen geriet, fünf Schläge lang aussetzte und dann weiterschlug, als sei nichts geschehen.

Sie hatte es sofort gewusst: Es war passiert. Nach all der langen Zeit war es endlich wieder einmal passiert. Sie war verliebt. So schnell geht das nämlich bei unserer Hannelore. Und sie weiß es immer sofort.

»Weil sie so bedürftig ist«, würde Renate sagen. Und weil ich diesen Satz nicht hören wollte, hatte ich ihr nicht davon erzählt.

Mein Mann spricht nicht viel, sagt von sich selbst, dass er Schlimmes gewohnt sei – aber er isst gerne. Und so konnte ich ihn auch diesmal wieder dazu bewegen, mich zum Abendessen bei Hannelore sowie zur Besichtigung des neu aufgegabelten Herrn Acht zu begleiten. Auch Renate hatte ihren von Haus aus schlecht gelaunten Robert im Schlepptau, als sie die Tür aufstieß und dieses überfröhliche »Hallöchen« anstimmte, bei dem mir immer ganz übel wird. Sie sah hinreißend aus, und ich erinnere mich, dass ich ein eifersüchtiges Flackern in Hannelores Augen wahrnahm. Ja, ich gebe zu, es war nicht fair: Renate hatte sich herausgeputzt, als sei sie zu dieser Sendung »Wetten dass …« eingeladen und als hieße ihre Wette: »Ich vernasch heut Nacht Herrn Acht.« Sie trug einen schwarzen und sehr engen Lederrock, knallrote High-Heals, schwarze Strümpfe mit Naht und dazu ein rotglitzerndes Mieder, das ihr Dekolletee wie eine wogende Brüstung aussehen ließ, von der gewisse Herren abzustürzen pflegten. Ihr aschblondes und eher dünnes Haar hatte sie kunstvoll lässig hochgesteckt und dabei einige Strähnen auf eine so raffinierte Weise herausgezupft und antoupiert, dass oberflächliche Betrachter unweigerlich denken mussten, sie habe sich noch vor wenigen Minuten hemmungslos der Liebe hingegeben und sei jederzeit zu einer zweiten Runde bereit. Es war wirklich provokant.

Neben ihr kam ich mir vor wie der Prototyp des Mittelmaßes, ein graues Mäuschen in grauem Kostüm, und Hannelore in ihrer Küche und mit ihrer Schürze und dem nicht kunstvoll zerzausten, sondern von der Kocherei verschwitzten Haar musste sich wie Aschenputtel fühlen.

»Was soll das?«, fragte ich Renate, als sie mit elegantem Hüftschwung durch Hannelores Wohnzimmer tänzelte, in der rechten Hand einen Prosecco-Kelch balancierend.

»Ist heut reingekommen, ich musste es einfach ausprobieren«, gestand sie und suchte ihr Spiegelbild in der Vitrine. Ich hätte ihr gern ihr unschuldiges Lächeln und ihre Freude am Verkleiden abgenommen – sie war Verkäuferin in einer Secondhand-Boutique –, aber sie wusste, dass es so nicht stimmte, und ich wusste es auch. Sie wollte die Aufmerksamkeit von der Acht abziehen.

Unsere Männer saßen auf dem Sofa, rauchten und nippten an ihrem Aperitif. Robert bedachte seine Frau mit einem finsteren Blick, was aber nicht viel hieß, denn er war so gut wie immer schlecht gelaunt, während mein Mann Wolfgang so was wie »Oh la la« hauchte und meine älteste Freundin Renate mit den Augen verschlang.

Es ist ungeheuerlich, wie viel Aufmerksamkeit jemand kriegt, auf den gewartet wird. »Alles inszeniert«, raunte Renate. »Der kommt absichtlich zu spät. Der kommt, um seinen Auftritt hinzulegen. Ich kenne sie. So sind sie, die Kerle. Dieses Miststück!«

Hannelore hatte sich so viel Mühe gegeben. Der Tisch war wunderbar gedeckt. Wie immer. Weißes Leinen, Stoffservietten, Messerbänkchen, Blumenschmuck. Sie wollte vier Gänge auffahren. Wir prosteten uns zu, und Robert und Wolfgang rauchten, während Renate raubtiergleich durch das Wohnzimmer tigerte und ich nicht wusste, wohin mit meinen Händen, meinen Beinen, meinem Körper, mit mir selbst. Ich gehöre zu den Menschen, die immer und sofort einen Platz brauchen, an dem sie sich klein machen können. Aber an jenem Abend waren die Plätze noch nicht verteilt.

Nervös und erwartungsvoll stand Hannelore in der Wohnungstür, trat gelegentlich ins Treppenhaus und horchte nach den Schnappgeräuschen der Eingangstür, denn ihr Herr Acht war der Einzige, der noch fehlte. Der Hauptdarsteller, der, für den alles inszeniert worden war. Es sah aus, als würde sie gleich weinen.

»Hoffentlich ist ihm nichts passiert«, jammerte sie, und ihr Blick schweifte unruhig zwischen Tür und Telefon. Sie hatte ihre Kochschürze abgelegt, und anstelle der bequemen Birkenstockschuhe trug sie nun strassbesetzte Sandaletten. Aber das riss es auch nicht mehr raus, und gegen Renate hatte sowieso keine von uns eine Chance. Wir sind drei sehr ungleiche Freundinnen – äußerlich wie auch von der Wesensart –, aber vielleicht, weil wir uns so fremd sind, mögen wir uns und sind neugierig und voller Interesse für das Exotische in der jeweils anderen. Wir machen uns nicht wirklich Konkurrenz. Dazu sind wir zu verschieden.

Die schöne und temperamentvolle Renate. Die so bedürftige und zugleich äußerst unattraktive Hannelore, extrem dünn mit skelettartigen Händen und Füßen, immer geht sie so, als habe sie Schmerzen, leicht gebeugt, die rechte Schulter vorgestreckt, der Ansatz eines Buckels. Ein kleines, schmales und blasses Gesicht, wie alles an ihr klein, schmal und blass ist.

Nicht auf diese unauffällige Weise wie bei mir – ich gehöre zur unscheinbaren Dutzendware der Natur und werde gern übersehen –, eher auf eine befremdende Art, man neigt dazu, sich nach ihr umzudrehen. Mit einer Mischung aus Staunen und Erschrecken. War das da gerade ein Gespenst? Ein Geist, ein Wesen aus dem Kuriositätenkabinett?

Auch Hannelores Sprache, ihre Erklärungen, alles reduziert, zurückgenommen – wie aus einer anderen Sphäre. Sie hatte uns von klein auf an das Märchen glauben lassen, ihre Eltern hätten zu wenig Geld gehabt, um Lebertran zu kaufen, und wenn sie dann doch ein Fläschchen ergattern konnten, so hatte sie selbst, dumm und kindisch wie sie nun mal war, diese Medizin ausgespuckt – auf jeden Fall sei sie auf diese Art rachitisch geworden, und nun könne sie so viel Vitamin D essen, wie sie wolle, und jährlich die Lebertranmenge eines mittelgroßen Walfisches in sich hineinstopfen – es sei zu spät. Trotzdem nimmt sie jeden Morgen um Punkt sieben genau acht Mikrogramm Vitamin D und trinkt dazu genau ein sechzehntel Liter Lebertran. Aber es scheint tatsächlich zu spät zu sein.

An diesem Abend trug sie einen braun-gelb karierten Faltenrock, der schwer und einem nassen Lappen gleich um ihre knochigen Hüften hing und sie noch dürrer erscheinen ließ, als sie sowieso schon war. Aus dem schwarzen Rollkragenpullover schaute ihr streichholzdünner weißer Hals hervor, faltig und blaugeädert, und darüber hüpfte ihr zitternder Kopf mit dem verschwitzten Haar sorgenvoll auf und ab. Sie konnte es nicht fassen, dass Willi nicht erschien.

Sein Platz war leer, der Prosecco in seinem Glas perlte unnütz vor sich hin. »Er ist noch nie zu spät gekommen«, krächzte sie mit gebrochener Stimme. »Es muss was passiert sein.«

»Wie lange kennt ihr euch denn schon?«, wollte Renate wissen.

Hannelore dachte nach. »Elf Tage, zwölf Stunden und dreiundzwanzig Minuten.«

»Aha, also knapp zwei Wochen«, brachte der schlecht gelaunte Robert die Information auf den Punkt. »Da kann man sich noch nicht kennen. Bist du sicher, dass der dich nicht verarscht? Und jetzt verkocht auch noch dein schönes Essen.«

Frauen wie Hannelore wurden seiner Meinung nach von Männern sowieso nur ausgenutzt.

»Noch zehn Minuten«, bat sie um Aufschub, und wir fragten höflichkeitshalber, wie sie ihn kennengelernt hatte – auch wenn wir es schon wussten.

Keine kann so von innen heraus strahlen wie Hannelore, wenn sie glücklich ist. Und als sie über ihren Willi, den sie auch vor uns nur »Herrn Acht« nannte, sprechen konnte, war sie glücklich, umhüllt von einer goldenen Aura; eingebettet in eine Wolke der Verheißung, die personifizierte Prophezeiung der Erlösung, eine Verwandlung, die immer wieder faszinierend ist. Um diese Fähigkeit beneideten wir sie.

Willi die Acht hatte sie an diesem fünfundzwanzigsten Oktober um genau sieben Minuten nach Acht angesprochen, drei U-Bahn-Stationen nach ihrem ersten Blickwechsel, und sie hatte die ganze Zeit gewusst, dass es passieren würde.

»Das waren doch nur sieben Minuten, also Peanuts«, warf Robert ein, dessen Magen knurrte und der an diesem Abend noch schlechter drauf war als sonst.

Hannelore beachtete ihn nicht und erzählte, wie sie an jeder Haltestelle die Computerstimme gedrückt hatte, die den Namen des Bahnhofs nannte und darauf aufmerksam machte, dass die Passagiere in Fahrtrichtung entweder rechts oder links auszusteigen hatten. Und dass sie sich fragte, ob *er*, der ja genau siebenundachtzig Zentimeter hinter ihr saß, jedoch getrennt von ihr durch eine Glasscheibe, ob *er* dachte, das sei ihre Stimme und dass sie dann etwas traurig war, weil ihre Stimme ja nicht so schön und ausgefeilt ist und sie sich fürchtete vor dem Moment, da sie ihm antworten müsse, denn sie wusste, er würde sie ansprechen.

Am Ostbahnhof hatte er an ihre Tür geklopft. Einmal nur wolle er mitfahren. Ob sie es ihm nicht erlauben könne, sie als U-Bahn-Fahrerin. Ob sie ihn nicht mit zu sich in den Führerstand nehmen könne. Er würde auch ganz still neben ihr sitzen oder stehen, je nachdem. Es ging ihm einzig und allein um die Erfahrung, in ein Dunkel abzutauchen und Minuten später wieder im Licht zu sein. So hatte er es gesagt: Im Licht sein.

Und obwohl es gegen die Regeln war, hatte sie ihn mitgenommen, und sie hatte nicht gewusst, ob ihr

Herz klopfte, weil sie etwas Verbotenes tat oder weil er neben ihr stand.

Er hatte sie nach ihrer Schicht zu einem erbärmlich schmeckenden Essen eingeladen und über einer labbrigen Bratwurst mit industriell gefertigtem Kartoffelbrei und einem Gemüse aus halbgaren Erbsen und Möhren seine Angst vor der Dunkelheit erwähnt und über Geburt und Wiedergeburt gesprochen und den U-Bahn-Tunnel mit einem Geburtskanal verglichen und sie letztendlich angestrahlt. Ja, dank ihrer Hilfe war er nun wie neugeboren.

Und vermutlich hatte sie bei dieser Begegnung auf die gleiche Art und Weise wie bei ihrer jetzigen Erzählung von innen heraus geleuchtet und diese goldene Aura über sich gestülpt und ihm damit das Gefühl gegeben, der tollste und wichtigste Mann des Erdballs zu sein.

Bewundernd hatte er sich vorgebeugt und staunend festgestellt, dass eine so zierliche Frau wie sie es schaffte, diesen riesigen Bandwurm von U-Bahn, in dessen Bauch sicher Hunderte von Menschen saßen, unterirdisch durch die Stadt zu dirigieren, ihn sozusagen zu zähmen, diesen Lindwurm, ihn ihrem Willen zu unterwerfen, also das sei super. Fast ein Wunder. Dafür bete er sie an.

Sie wurde rot, als sie davon erzählte.

»Lindwurm, Drache, Bandwurm … hieß nicht einer der Gebrüder Grimm auch Willi?«, brummte Robert vor sich hin. »Allesamt Märchenerzähler, der kommt nicht mehr. Jetzt sollten wir wirklich mal was essen.«

Renate verdrehte die Augen und zischte: »Trink nicht so viel.«

Hannelores Strahlen hielt an.

So also hatten sie sich kennengelernt, erzählte sie und bereitete uns auf einen klugen, sensiblen, zurückhaltenden und nachdenklichen Menschen vor, einen, der sich danach sehnte, ins Licht einzutreten. Einer, der die U-Bahn-Strecken studierte, sie als leicht zu erkundende Wege bezeichnete, um unserer Hannelore mit sehnsuchtsvoll zitternder Stimme zu gestehen: »Genauso möchte ich mich auskennen in der Landschaft deines Herzens. Ich will wissen, ob und wo es Aussichtspunkte gibt. Laden Hügel zum Ausruhen ein, und wollen Höhlen erkundet werden?«

Mit solchen Kitschsätzen hatte er sie für sich gewonnen. Wir konnten es nicht fassen.

Aus leidvoller Erfahrung wussten wir, dass Hannelore nicht das richtige Händchen für Männer hatte. Die wenigen Liebhaber, die sie uns vorgestellt hatte, waren alle auf eine bestimmte Weise ungewöhnlich gewesen, ich nenne es ungewöhnlich, aber Renate benutzt lieber das Wort »gestört«.

Nachdem wir dank Hannelores Beschreibungen über die Einzigartigkeit von Willi informiert worden waren, kam er. Kam laut Hannelores Berechnungen mit genau fünfzig Minuten Verspätung, sodass in ihrem Verzeichnis der Willi-Zahlen zweimal die Dreizehn auftauchte. Vor genau elf Tagen, dreizehn Stunden und dreizehn Minuten waren sie sich begegnet. »Bestimmt bringt diese doppelte Dreizehn Glück«, jauchzte sie und fiel ihm um den Hals. Willi der Achte entschuldigte sich nicht, war plötzlich da, setzte sich mit einer Selbstverständlichkeit an Hannelores Tisch, als sei er der Hof haltende Hausherr und forderte unser aller Aufmerksamkeit ein.

Mit welchem Recht? Ich kann es immer noch nicht verstehen. Es mangelte ihm an innerem wie an äußerem Format. Er war mittelgroß und ging leicht gebeugt, was den Anschein erweckte, als habe er es ständig mit Zwergen zu tun, sei darin geübt, winzigen Wesen Zuwendung zu geben und dafür alle anderen nicht wahrzunehmen. Sein dünnes und mausgraues Haar stand wie elektrisiert zu Berge und verlieh seinem Gesichtsausdruck etwas Debiles, Dümmliches. Immer fummelte er sich am Kopf herum. Rieb sich die Ohrläppchen, die Nase, die Stirn, fuhrwerkte mit langen, an den Spitzen gebrochenen Fingernägeln in seinen Zahnlücken herum oder versuchte, eine Strähne Haar zwischen zwei Fingern zu einem Strang zu drehen.

Der, den sie vor Willi hatte, hieß Kuno. Ein sprachloses, verschüchtertes Kerlchen, das kerzengerade in seinem Sessel saß und Hannelores Freunde voller Argwohn betrachtete. Nie richtete Kuno das Wort an uns, noch gab er Antwort, wenn wir ihn etwas fragten. Hannelore aber behauptete, sobald sie zu zweit seien, fiele die Schüchternheit von ihm ab und sie würden eine normale Beziehung führen, was immer man darunter versteht. Wir gewöhnten uns an Kuno, so wie man sich an einen zugelaufenen Kater gewöhnt, der plötzlich zum Haushalt dazugehört.

Und genau so, wie man es von Katzen kennt, hatte auch Kuno sich eines Tages ein neues Zuhause gesucht und war für immer verschwunden. Insgeheim hatten wir Hannelore zu seinem Abgang beglückwünscht und sie mit der Gewissheit getröstet, etwas Besseres fände sie allemal. – Ist das nicht ein Zitat aus Grimms Märchen? – Blauäugig hatten wir diesen Satz benutzt. Denn da kannten wir Willi noch nicht.

»Der Willi zur Macht. – Ihr letzter Willi. – Wo ein Willi ist, ist auch ein Weg. – Des Weibes Willi ist ihr Himmelreich.« So lästerten Renate und ich über diesen neuen Mann in Hannelores Leben.

»Er ist ihr Kind«, meinte ich achselzuckend, als Renate sich über den Egoismus dieses »hergelaufenen Würstchens« echauffierte. »Ein verzogenes, egomanisches, narzisstisches Männlein, für das die Welt nur aus zwei Polen besteht. Die eine Hälfte kreist um ihn selbst, und die andere hat ihm zu dienen. Was für ein angenehmes Weltbild.«

»Das ist kein Weltbild, das ist vermessen«, schimpfte Renate, die es von Anfang an völlig daneben fand, dass Hannelore diese Achterlusche, wie er mittlerweile von uns genannt wurde, wann immer er es brauchte, durch einen symbolischen Geburtskanal schleuste und ihn hundertfach die Euphorie des Geborenwerdens erleben ließ. Dieses Baby, das sich für einen Helden hielt und unsere Freundin Hannelore mit seinem unsäglichen Geschwätz blendete, sie klein machte und von ihr zu verlangen schien, dass sie sich ihm unterordnete.

Sie war tausendmal mehr wert als er.

Wie konnte sie nur auf einen solchen Blender hereinfallen, der kaum in der Lage war, einen ordentlichen Satz zu vollenden. Der nur redete um des Redens willen, der nichts Essentielles sagte, der sich zudem hinter hohlen Phrasen versteckte, uns aus heiterem Himmel mit fragwürdigen sexuellen Andeutungen bestürzte und im Großen und Ganzen aus nichts als Schein und Anmaßung bestand.

Seine unersättliche Gier nach Beachtung zwang ihn dazu, sich ständig zu inszenieren. Allein das erste Abendessen bei Hannelore, der Moment, in dem wir ihn kennenlernten. Eine einzige Katastrophe. Er erstickte jedes aufkommende Gespräch und wusste von vornherein alles besser. Er ließ niemanden ausreden und hörte nicht zu, was er später mit einer angeborenen Schwerhörigkeit rechtfertigte. Auch das war typisch für ihn. Dieses Handicap passte genau in seine Struktur.

Robert beispielsweise wollte einen Witz erzählen, wurde jedoch nach den ersten Sätzen von Willi mit der Frage unterbrochen, ob das nicht die Geschichte sein könne, in der eine Gute Fee die Frau nicht dreißig Jahre jünger, sondern den Mann dreißig Jahre älter mache, womit die Pointe futsch war und Willi als Einziger lachte. Hannelore hätte sicher mitgelacht, aber sie war grad in der Küche. Überhaupt fuhr sie ein köstliches Essen auf. Viel zu gut für diese Acht, der schamlos jede Abwesenheit seiner neuen Freundin dazu nutzte, sich dreist über Renates Dekolletee zu beugen.

Heute weiß ich, dass diese ungeheuerliche Idee, ihn mal so richtig vorzuführen, an jenem Abend des Kennenlernens in Renate gereift war. Vielleicht weil er Roberts Witz vermasselt hatte. Keine Ahnung.

Nach dem Sorbet stieß sie mit einem glucksenden Lachen mit mir an und meinte: »Jetzt weiß ich's.«

Vielleicht hätte sie es uns allen sogar verraten. Aber gegen Willis Redefluss hatte an dem Abend niemand eine Chance.

Wir hatten es mit Politik, der Weltwirtschaft, dem Wetter, der Frage, ob und wie man als kinderlose Paare Weihnachten verbringen sollte, versucht, und bei allem wusste er es besser, fiel den Rednern ins Wort und begann mit seinen Argumenten bei Adam und Eva. Als wir beispielsweise über die Weltwirtschaft sprachen, dozierte er in seiner langweiligen, gespreizten und selbstgerechten Art darüber, dass das ganze Unglück mit dem Tausch von Waren angefangen habe. Er konnte nicht erzählen, und was wir alle als besonders kränkend empfanden: Er bemühte sich nicht einmal darum. Seine Ähs und Öhs und halben Sätze waren ohne Aussage und Sinn, vergleichbar mit einem lästigen Geräusch. Später gestand ich meinem Mann, gegen Willis unerträgliches Gebrabbel sei das Sirren einer Mücke ein durchaus wohltönender Klang.

Hannelores neuer Partner sprach mit vollem Mund, hatte ständig eine Hand mit dramatisch gespreizten Fingern erhoben, die er wechselseitig auf jeden Einzelnen von uns richtete, und ließ niemanden ausreden. Nicht einmal Hannelore.

Er verfügte über die Fähigkeit, sinnvolle Gespräche in eine absolute Leere hineinzusteuern. Später zitierte ich manchmal die für ihn typisch gewordenen Einwürfe, sagte spaßeshalber – und dabei in seinen leicht nölenden Ton verfallend –: »Ja aber, also, wenn Sie mich fragen, da war doch mal so ein Ansatz, so eine Möglichkeit oder wie man es nennen will, und die haben dann, nun ja, genau weiß ich es auch nicht mehr, und eigentlich ging es dabei ja auch um etwas ganz anderes, und so richtig einig geworden sind sie sich dann ja wohl auch nicht, aber so ist es halt immer und überall, wenn es um solche Dinge geht.« Mit solchen Sätzen machte er uns mundtot, und während wir uns noch fragten, an welchem Punkt er eingegriffen und die Diskussion ins Absurde geführt hatte, und wir in hilfloser Wut nach dem roten Faden suchten, um wieder miteinander ins Gespräch zu kommen, bastelte er schon an neuen und ähnlichen Satzkonstruktionen, die jeglicher Syntax entbehrten. Er achtete seine Zuhörer nicht.

Renate strahlte, voller Vorfreude die Szenerie ihrer Rache auskostend.

Als Entree hatte es an jenem denkwürdigen Abend eine wunderbare Käsesouffléroulade mit Pilzfüllung an scharfer Tomatensoße gegeben, und während wir – wie immer – entzückt die Augen verdrehten und die Kombination von heiß und kalt und scharf und sanft lobten, beschrieb dieser unsägliche Mensch uns in allen Einzelheiten die Details seiner kindlichen Pilzvergiftung.

Dabei war keiner von uns an einer Schilderung seiner plötzlichen und überfallartigen Übelkeit interessiert, die ja auch schon dreißig Jahre zurücklag. Niemand wollte en détail erfahren, wie und mit welcher Schärfe ihm die Magensäfte aufgestiegen waren und seine Kehle zu verätzen schienen, und dass ihm zudem schwarz vor Augen geworden sei, war dies doch jetzt, nach all der Zeit, von keinem Interesse mehr. Ihn aber interessierte es, und somit gab es kein Entkommen. Ich hielt mir die Ohren zu, als er darüber lamentierte, dass er es nicht hatte verhindern können, dass ein gelblich-grüner Schleim aus ihm heraussprudelte und die gedeckte Mittagstafel sowie alle Anwesenden mehr oder weniger bekleckerte. Ging es um solche Schilderungen, war er durchaus in der Lage, ganze Sätze zu bilden. Hannelore hing an seinen Lippen und schien sich erneut um seine Gesundheit zu sorgen. Wir anderen sahen uns verständnislos an und warfen verschwörerische Blicke auf unsere Armbanduhren. Nichts wie weg.

Vier Wochen später traf ich ihn. Es war der erste Dezember, und ich hatte mich durch den kürzlich eröffneten Weihnachtsmarkt gekämpft, um im Kaufhaus oberhalb der U-Bahnstation einen Schlüssel nachmachen zu lassen.

Im Eingangsbereich des Warenhauses ist ein kleiner Glaspavillon. Und in dem saß Willi der Achte unter dem vielversprechenden Label: »Mister Minit – das Serviceparadies für alltägliche Probleme.« So verdiente er also sein Geld. Uns hatte er gesagt, er sei selbstständiger Unternehmer.

Es war ihm offensichtlich peinlich, als ich plötzlich vor ihm stand, und er war mindestens sechs Sekunden lang sprachlos. Dann fragte er jovial: »Hei Heidi, was kann ich für dich tun?«

Ich gab ihm meinen Schlüssel.

»Sonst noch Probleme?«

»Grundsätzliche schon, alltägliche nein«, antwortete ich kryptisch, zahlte und ging. Marschierte schnurstracks zu Renate, um ihr von dieser Begegnung zu berichten.

»Super, das passt genau in meinen Plan. Bis zum Tage X werde ich ihn an jedem Arbeitstag besuchen.«

»Was hast du vor?«, fragte ich, »und wann ist Tag X?«

»Es ist besser, wenn du es nicht weißt – aber ich sag dir rechtzeitig Bescheid. Das wird die große Schau. Der Wahnsinn wird das. Ehrlich.«

Sie tänzelte vor Vorfreude. »Rache ist süß – du wirst sehen: Und dabei verschaffe ich ihm doch eigentlich nur die Achtung, die er verdient.«

Ich gestehe, dass ich eine bekennende Weihnachtshasserin bin. Von Anfang an. Schon immer. Die heiligen Abende meiner Kindheit waren eine einzige Katastrophe: Meine Mutter suchte ab etwa vierzehn Uhr in allen Schränken, Truhen und Schubladen nach den Geschenken, die sie im Laufe des Jahres für uns Kinder gekauft hatte, fand aber immer nur einen Bruchteil davon. Währenddessen verkünstelte sich mein Vater beim Weihnachtsbaumschmücken und sägte grundsätzlich zu viel von der Tanne ab, sodass in unserem Wohnzimmer immer nur ein verkrüppeltes Etwas mit Silberkugeln auf einem Blumenhocker stand und eher Mitleid als Begeisterung auslöste.

Angesichts dieses Baumes bekam meine Mutter grundsätzlich einen Weinkrampf und mein Vater prinzipiell einen Wutanfall, und dann stritten sie sich, und wir Kinder drängten uns in der Diele zusammen, denn wir durften ja nicht das Wohnzimmer betreten, weil dort das Christkind den Baum schmückte und die Geschenke verteilte – zum Fest der Liebe.

Nein, Liebe, Zufriedenheit oder sogar Glück kann ich mit Weihnachten nicht in Verbindung bringen.

Seit zwanzig Jahren veranstalteten wir mit Hannelore eine sogenannte Weihnachtsverweigerungsparty, meistens zu fünft, denn Hannelore hatte nun mal kein gutes Händchen für Männer und lebte die meiste Zeit allein. Wir trafen uns wechselseitig in unseren Wohnungen, taten so, als sei es ein ganz normaler Abend, legten Musik auf, die nichts mit Christmetteklängen zu tun hatte, tranken Bier, aßen Heringssalat und belegte Brote und spielten dazu erst Monopoly und dann die Siedler von Catan. Als Renate Robert kennenlernte, wurde er in diese Tradition übernommen, und mein Mann macht sowieso alles mit – wenn es nur was zu essen gibt.

Aber ausgerechnet jetzt und mit ihrem unsäglichen Willi wollte Hannelore alles auf den Kopf stellen und ein total kitschiges und altmodisches Weihnachtsfest feiern, mit allem Drum und Dran. Sie rief mich an und erzählte stolz und voller Glück, dass sie seit dem ersten Advent ihre Wohnung festlich dekoriere, überall Tannenzweige mit Glitzersternchen liegen und auf jedem Sims einen Keramikengel mit Kerzchen im Schoß stehen habe. Sie lud mich zur Besichtigung dieser Kitschhöhle ein, aber ich wollte es mir nicht einmal vorstellen. Es sah sicher ganz fürchterlich aus.

»Acht findet es geil.«

»Na dann ist ja alles in Butter.«

»Was habt ihr nur gegen ihn. Ihr kennt ihn doch kaum.«

»Nichts«, log ich. »Wir haben nur was gegen verlogene Weihnachtsromantik. Weihnachten hat bei uns noch nie gestimmt.«

Sie quengelte, und ich wusste, wie sie in diesem Moment aussah: blass, hilflos und Mitleid erregend. Wäre sie unterwegs gewesen, hätte sich sicher jemand nach ihr umgedreht und gefragt, ob sie einen Arzt brauche. Aber sie saß zu Hause in ihrem Sessel neben dem Telefon und war umgeben von Keramikengeln, goldenen Sternen und glitzernden Tannenzweigen.

Genauso, wie es ihr gelang, von einem Moment auf den anderen zu strahlen, schaffte sie auch die umgekehrte Perspektive: Besorgnis erregend grau mit dunklen Schatten um die Augen konnte sie auf eine Art nach Luft schnappen, die das Schlimmste befürchten ließ. So hatte sie sich schon während der Schulzeit um Klassenarbeiten, sportliche Wettkämpfe oder öffentliche Auftritte gedrückt.

»Ihr habt doch garantiert noch nichts vor. Wir können doch wirklich einmal im Leben so tun, als seien wir eine große Familie, und so richtig klassisch feiern. Willi wünscht es sich so sehr.«

»Nein«, sagte ich. »Schau mal, du kennst ihn grad zwei Monate. Feiert doch als Paar. Als frisch Verliebte – wir stören da nur.«

Sie lockte weiter, schlug Gänsebraten, Knödel, Rotkraut, Glühwein, Rotwein und Lebkucheneis vor und wollte, dass wir uns an unsere Kindheit erinnerten. »So schön wie damals sollte es sein, so heimelig.«

Erst da wurde mir klar, dass sie nichts von mir wusste. Hannelore hatte keine Ahnung, warum Renate und ich Weihnachtshasserinnen geworden waren, sie kannte unsere Geschichten nicht.

»Mein Weihnachten war schön«, gestand sie schwärmerisch. »Damals als Kind. Immer schon schön gewesen.«

Ich konnte es nicht fassen. »Echt, ich dachte, ihr wart zu arm, um Lebertran für dich zu kaufen?«

»Ja, weil wir nur für Weihnachtsgeschenke gespart haben«, rechtfertigte sie sich.

Als ich Renate von diesem Gespräch erzählte, nickte sie allwissend und sagte: »Ich weiß schon, warum er es sich so sehr wünscht. – Wie viel Paar Schuhe hast du eigentlich?«

»Was hat das denn damit zu tun?«

»Alles oder nichts«, grinste sie und klappte die Schubladen ihres Schuhschrankes auf. »Schau mal, ich habe mindestens dreißig Paar, und weißt du, was: Fast alle von denen sind in den letzten Wochen durch Willis Hände gegangen. Immer in seiner Mittagspause und immer zu einer Zeit, wo er eigentlich mit Hannelore U-Bahn fahren wollte.«

»Aber warum?«

»Mein Plan«, murmelte sie geheimnisvoll. »Ich wollte ihn kennenlernen. Er wird ja wohl demnächst zu unserer Freundesfamilie gehören. Da muss man doch wissen, woran man ist.«

»Und dafür opferst du deine Mittagspausen?«

»Exakt. Exakt und Basta.«

Basta hieß bei Renate: Das war's. Ab jetzt will ich nicht mehr darüber reden.

Also brachte auch ich meine Schuhe zu Willi dem Achten. Nicht in der Mittagspause, denn das war Renates Zeit. Ich kam um fünf.

»Hei Heidi«, sagte er dann, freudestrahlend dieses »Hei Hei« betonend, was er unglaublich witzig fand.

Wir unterhielten uns, während er Absätze richtete, Riemchen nachnähte, Stiefel besohlte. Und wir sprachen über ihn. Über Willi. Was sich naturgemäß als sein Lieblingsthema erwies. Ja, er war glücklich mit Hannelore. Eine wunderbare Frau, eine phantastische Köchin, eine sensible Gefährtin und Ratgeberin, und zuhören könne sie wie sonst kaum jemand. Auch im Bett nicht zu verachten, obwohl, na ja, Männer seien da eben anders drauf als Frauen, und sie sei ja auch so zierlich, so zerbrechlich, so wahnsinnig zart. Er, Willi, wolle selbstverständlich schon öfter, aber Hannelore sei eben nicht der Typ dazu. Diese andere Freundin von uns, ach, wie hieß sie denn noch – ganz scheinheilig brachte er Renate ins Spiel, als würde die ihn nicht jeden Tag besuchen –, die sei da schon anders gestrickt, der sähe man an, dass sie einem Abenteuer durchaus nicht abgeneigt sei, aber er sei nicht so einer. Er, Willi, habe fest vor, mit Hannelore alt zu werden, ihr treu zu bleiben, und im Januar wollten sie sich dann auch eine gemeinsame Wohnung suchen.

»Super«, sagte ich dann und packte meine Schuhe wieder ein.

»Worüber redet ihr in deinen Mittagspausen?«, wollte ich später von Renate wissen.

»Ich lasse mir den Führerstand der U-Bahnen erklären. Eins seiner Lieblingsthemen. Frau sollte wissen, wo welche Knöpfe sind. Du weißt schon, für den Notfall.«

Ich schüttelte den Kopf. »Mir gegenüber zeigt er sich als schmieriger Verbalerotiker.«

»Du warst bei ihm?«

»Ja, obwohl ich nur acht Paar Schuhe besitze.«

»Acht, was für eine wunderbare Zahl.« Sie prustete los. »Immer wenn ich das Wort Acht höre, muss ich an Willi denken. Gut, Heidi, aber nur, weil du es bist: Ich verrate dir jetzt ein Geheimnis. Während Willi der Achte mir von diesen U-Bahn-Fahrten und der Fahrerzelle und der Dunkelheit und dem plötzlichen

Licht der Bahnsteige erzählt – du weißt schon, auf seine extrem umständliche und langweilige Art baggere ich ihn ein bisschen an. Schlitz im Kleid, ein Blusenknopf zu viel geöffnet – große Augen, staunend geöffneter Mund, bewundernde Ahs und Ohs, das ganze Programm.«

»Und wozu?«, wollte ich wissen.

»Na ja, sagen wir es so: Stell dir vor, es entwickelt sich bei ihm so was wie eine Verbindung zwischen U-Bahn-Führerstand und Erotik, dadurch könnte sein Wiedergeburtserlebnis in den Hintergrund geraten, und er wird in Zukunft immer dann, wenn er mit Hannelore durch die Tunnel düst, an das Unaussprechliche denken, voller Begehren sein, du weißt schon, was ich meine. Das ist garantiert gut für ihre Beziehung, und wir wollen doch, dass Hannelore glücklich wird und die Geschichte von Dauer ist.«

»Sex ist für Hannelore nicht so wichtig«, verriet ich.

»Wer sagt das?«

»Willi der Achte.«

»Ach was, der hat keine Ahnung.«

Renate und ich besuchten Hannelore und Willi am ersten Weihnachtstag. Um vierzehn Uhr begann Hannelores Spätschicht. Von vierzehn bis zweiundzwanzig Uhr, und Willi hatte sich gewünscht, den ganzen Feiertag mit ihr im Führerstand zu verbringen – was für ein Weihnachtsgeschenk! So einfach war er glücklich zu machen.

Wir frühstückten zu viert, und Renate hatte sich

erneut so herausgeputzt wie an dem Abend, als sie Willi zum ersten Mal gesehen hatte.

Auf dem Weg zur U-Bahn schlug Willi ihr auf den Po und flüsterte: »Du bist echt ein scharfes Luder.«

»Lass mich einmal reinschauen in deinen Führerstand, nur ganz kurz, ich will auch gar nicht mitfahren. Bitte, nur gucken«, quengelte Renate mit ihrer Kleinmädchenstimme, und Willi grunzte großmütig: »Klar kannst du da kurz rein. Oder?«

Hannelore reagierte auf seinen fragenden Blick und stellte achselzuckend klar: »Dreißig Sekunden. Sobald die U-Bahn steht, habe ich eine Minute Aufenthalt. Davon kriegst du genau die Hälfte.«

»Danke, du bist so lieb.«

Nach genau dreißig Sekunden kam sie zu mir in die Fahrgastzelle und flüsterte verschwörerisch: »Ich kann ihn verstehen. Echt intim dort in dem Stand. Super, fast erotisch.«

»Zurückbleiben bitte«, sagte die Computerstimme, die Türen der Wagen schlossen sich, und wir fuhren los.

»Nächster Halt Ostbahnhof«, kam eine Ansage, und dann nahmen wir plötzlich ein ganz anderes Geräusch wahr, und alle Gespräche in den Waggons verstummten.

Jemand stöhnte.

»Ist dir nicht gut?« Es war Hannelores Stimme, leise und besorgt.

»Doch, doch, alles bestens. Ich brauche nur ein bisschen Entspannung. Dieses Weib macht mich fertig, und sie weiß es auch.«

Stille. Dann wurde das Stöhnen lauter, und wir hörten Willi mit gepresster Stimme murmeln: »Baby, fahr in die Dunkelheit, jetzt. Und dann ins Licht … yeah yeah … so soll es sein! Wow!«

Ich sah Renate an. Sie schloss genüsslich die Augen und nickte.

»Was hast du gemacht?«

»Nichts, nur den Lautsprecher aktiviert. Mein Weihnachtsgeschenk für uns alle.«

Regine C. Henschel

Weihnachten mal ins Blaue

Sie war eine der reichsten Frauen der Welt. Sie hatte alles, was Mann sich vorstellen konnte. Glücklich geschieden und von ihrem Vater mit einem Erbe bedacht, das sich aus Immobilien in aller Welt, Schiffen und Diamantenminen zusammensetzte. Und sie stand als Letzte auf seiner Liste.

Schweißgebadet saß er auf seinem Bürostuhl, seine Hose klebte an dem schwarzen Kunstleder. Nur noch sie. Alle anderen Namen auf der Liste hatte er bereits mit seinem Filzmarker dick durchgestrichen. Sie war seine allerletzte Chance. Er hob mit zittrigen Fingern den Telefonhörer auf, zog an seiner Zigarette und lauschte auf das Freizeichen.

Sie war wirklich nichts Besonderes. Als er in der Schule neben ihr saß, glänzte sie durch Nicht-Präsenz.

Mausgrau war die richtige Umschreibung ihrer Erscheinung. Eine Figur wie ein Surfbrett, platt und ohne jegliche Form, dachte er gehässig als er auf das Tuten im Hörer lauschte. Er musste sie sich klein und unbedeutend vorstellen, sonst würde ihn jetzt der Mut verlassen, das wusste er.

Sie lag gelangweilt auf der Teakholzliege mit den glänzend blank geputzten Messingbeschlägen in der klaren Wintersonne vor ihrem traumhaften Chalet, eingehüllt in einen kuscheligen Pelz. Die Dienstboten flitzten hin und her, um ihr mal das neue Modemagazin aus Frankreich und dann einen Martini zu holen. Pur, ohne Eis. Als sie ihr strassbesetztes Handy klingeln hörte, dachte sie, es wäre ihre Freundin, die sich auf dem Weg zu ihr wieder verspätet hätte. Wie immer. Sie beide wollten noch die letzten Ideen für den Charity-Lunch durchsprechen. Aber es war nicht ihre treue Freundin Maribelle, sondern es war Hendrik. Der schöne Hendrik aus der Schule.

Sie war überrascht und ließ ihn reden, während sie über die glitzernden Schneeberge ins Tal hinabblickte, wo sie Maribelles Auto vor der kleinen Blumenhandlung parken sah. Ihr blonder Schopf lief aufgeregt zwischen den ausgestellten Blumenvasen und Weihnachtsbäumen auf und ab. Sie hörte seine Stimme. Ja, er sei in der Nähe von St. Moritz, rein geschäftlich, versteht sich, und würde sie gerne mal wieder sehen. Sie hätten sich ja in der Studienzeit ein wenig aus den Augen verloren, und es gäbe bestimmt viel zu erzählen. Einfach nur so, selbstverständlich, sagte er und zog nervös an seiner Zigarette.

Sie war hocherfreut und wippte unter dem Pelz mit ihrem rechten Stiefelchen, was Alfredo als Aufforderung verstand, ihr das Kissen im Rücken aufzuschütteln und das Fernglas zu reichen. Denn sie liebte es, genüsslich einen Martini zu trinken und mit dem Fernglas ihre anreisenden Gäste zu beobachten, wie sie sich mit den Schneeketten an ihren schweren Autos die Serpentinen zu ihr hoch auf den Ammersteig quälten. Ein bisschen Schadenfreude musste sein. Ihr Ex-Mann hatte sie gerade wegen einer älteren Frau verlassen. Einer älteren Frau! Nicht etwa einer Jüngeren, Vollbusigeren oder Langbeinigeren! Nein, schlichtweg einer Älteren. Das saß. Und wie! Sie hatten sich einfach nichts mehr zu sagen. Keine Gemeinsamkeiten, nennt man das schlichtweg.

Er verliebte sich in eine Frau, die patent eine Autoverleih-Firma führte. Die Frau, die unten im Tal neben dem kleinen Blumenladen ihren Kunden ausgerechnet die Schneeketten für die Autos vermietete, die sie brauchten, um zu ihr ins Chalet zu fahren. Ihr Ex-Mann war samt neuer Schneeketten über alle Schweizer Berge geflohen. Die schneebedeckten vor ihrem Chalet inbegriffen. Also sprach nichts gegen ein bisschen Abwechslung und die Aufwertung ihres angeknacksten Selbstwertgefühls.

Der schöne Hendrik hatte sich gemeldet, das müsste sie gleich ihrer Freundin Maribelle erzählen, wenn sie endlich bei ihr wäre. Und tatsächlich. Durch ihr Fernglas konnte sie beobachten, dass sich die Limousine zu allem Unglück vor dem Blumenladen in einer Schneewehe festgefahren hatte. Es würde also noch fünf Minuten dauern. Nun noch die verzwickte Kreuzung und die Kurve mit der stark ansteigenden Straße, dann hätte Maribelle alle kleinen Hindernisse überwunden und wäre schon fast bei ihr auf der sonnigen Terrasse.

Geschafft, dachte er und stand von dem nass geschwitzten Stuhl auf. Die ist tatsächlich noch so blöd wie damals in der Schule. Das erleichtert die Sache ungemein. Morgen schon wird alles geritzt sein.

Sein Freund tat ihm einen Gefallen und tarnte sich als sein Fahrer. Und als er sich vor dem Chalet in den Bergen im Auto seines Freundes vorfahren ließ und ihn die funkelnden, meterlangen Eiszapfen begrüßten, die durch eine künstliche Sprinkleranlage am hölzernen Dachfirst erzeugt worden waren, fühlte er sich richtig gut. Die Angst war einer berechnenden Kälte gewichen, die ihm die Arbeit erleichtern würde.

Sie begrüßte ihn lasziv durch ein freudiges Winken aus dem Pool, in dem sie noch eine Runde schwamm, bis sie in seine Richtung steuerte. Dampfend wie aus einem Kochtopf stiegen die Schwaden aus dem Schwimmbecken in die frühe Morgenluft. Die Sonne ließ das Wasser glitzern wie tausend Kristalle. Diamanten, dachte er. Damit kann man auch Geld verdienen. Er ging in die beheizte Schwimmhalle, und schon stieg ihm der Geruch von Kiefern-Öl aus der Sauna in die Nase. Nicht wieder schwitzen. Jetzt souverän und cool bleiben. Sie schwamm vom Außenbecken in die Halle. Langsam und bedächtig wie ein dicker, behäbiger Tanker; wie die, die ihr der Vater vererbt hatte, dachte er. Doch dann stieg sie vor seinen Augen aus dem Pool, wie sie es nach ihren liebsten Hollywood-Filmen einstudiert hatte. Zeit genug, sie sich anzusehen und das Gesehene einzustudieren, hatte sie. Hendrik war sprachlos. War das die hässliche Mitschülerin? Die graue Maus aus dem Studium? Ihr Bikini enthüllte eindeutig mehr, als der knappe Stoff jemals verbergen könnte, und er wunderte sich, woher die vollen, apfelförmigen Brüste kamen, an die er sich – darauf gab er insgeheim jede Wette ab – nicht erinnern konnte. Sie genoss ihren Auftritt sichtlich, trocknete sich lasziv ab und zog sich einen blütenweißen, kuscheligen Bademantel mit eingesticktem Emblem an. Als sie sah, dass er die Schrift der Stickerei entziffern wollte, sagte sie: »Das gehört noch meinem Ex. Das lasse ich noch abtrennen.« Und ihre vollen Lippen lächelten zufrieden.

»Was führt dich zu mir?«, fragte sie, und beide setzten sich in ein versteckt angelegtes chinesisches Teehäuschen, das in der Schwimmhalle schon vielerlei Nutzungen erfahren hatte. Nur Teetrinken hatte nie dazugehört.

»Ich war in der Nähe«, log er. »Rein geschäftlich, versteht sich.«

»Womit arbeitest du?«, wollte sie höflicherweise wissen. Wirkliches Interesse hatte sie dafür aber nicht. Sie wollte einen Sonntag nicht von einem Montag unterscheiden, weil es für sie so etwas wie eine Arbeitswoche oder Freizeit nicht gab, seitdem ihr Mann verschwunden war. Er führte den Terminkalender und strukturierte seine Woche. Sie hatte immer nichts zu tun und wollte das derzeit noch nicht ändern.

»In Stahl«, sagte er geschäftig, »der Rohstoffmarkt boomt. Und ich habe da sehr gute Kontakte und gute

Geschäfte gemacht. Und vor allem noch bessere in Aussicht.« Und er lehnte sich gespielt lässig zurück und entblößte seine blendend weißen Zähne. Die meisterhafte Arbeit eines amerikanischen Promi-Zahnarztes.

Sie nickte. Rohstoffe, daran erinnerte sie sich noch, waren Kapital. »Stand da nicht gerade was dazu im ›Spiegel‹?«, fragte sie.

Er nickte, obwohl er keine Ahnung hatte. Es steht immer irgendwo etwas in den Zeitungen, man musste nur so tun, als ob man es gelesen hatte. Eine seiner Maximen, mit denen er gut durchs Leben kam. So tun, als ob, das klappte bei ihm immer. Sie hatte Interesse gezeigt, er hatte sie bereits an der Angel, dachte er. Ganz klar.

»Das ist natürlich alles noch viel größer, als es dort in dem Blatt steht. Der Markt explodiert nahezu. China greift nach den Rohstoffen. Russland verscherbelt seine Minen. Wer jetzt mitmischt, der hat in wenigen Jahren das große Geld.«

Sie hatte von allem genug. Mehr als genug. Aber von etwas konnte sie nie genug bekommen: Geld. Obwohl sie in jeder Woche hunderttausend Euro allein durch Nichtstun verdiente (das war allein der Zinsbetrag aus ihrem Vermögen), Firmenaktivitäten ihrer dreißig Firmen nicht mit eingerechnet, wollte sie mehr. Geld war immer gut. Noch mehr Geld war jedoch wesentlich besser. Vor allem für das, was sie für die Zukunft plante.

»Und du? Was machst du dabei?«, fragte sie und schenkte ihm ein gewinnendes Lächeln. Er trank mit gekonnter Pause einen Schluck von seinem Martini, dann sagte er: »Ich lege an. Weltweit. Für mich und ausgesuchte Freunde.« Mehr sagte er nicht.

Sie hatte angebissen. Ganz klar, dachte er wieder.

»In welchen Größenordnungen?«

»Ab fünf Millionen aufwärts«, sagte er beiläufig, »das ist das Einstiegskapital.« Sie lächelte noch einmal und lockerte den Gürtel ihres flauschigen Bademantels.

»Würdest du auch für mich ein wenig anlegen?«, fragte sie und zwinkerte ihm zu. Er zögerte ganz bewusst. Eine Kunstpause. Dann nickte er und trank noch einen Schluck Martini. Dies war leichter als ein Heimspiel, dachte er.

Fünf Millionen, das war genau der Betrag, den er brauchte, um seine bankrotte Stahlschmelze aus der Insolvenz rauszupauken. Kein anderer seiner Freunde hatte ihm helfen können, nachdem die Banken auch längst abgewunken hatten. Oder sollte er alles den Bach runtergehen lassen und sich mit dem Geld der Lady absetzen? Vielleicht nach Kuba oder auf die Malediven? Und dann einfach genießen und nach ihm die Sintflut? Er hatte ohnehin nicht mehr lange zu leben, seine Sorgen hatten ihm vorzeitig den Magen zerfressen. Oder der Alkohol. Oder seine Vergangenheit. Oder seine berechnende Art. Egal. Er würde vor ihr noch ein wenig den Golden Boy spielen bis sie unterschrieben hätte, und dann würde er sich abseilen.

Eine seiner leichtesten Übungen und nicht das erste Mal in seinem Leben. Und er grinste breit.

Übersättigt, sie war einfach übersättigt von allem, dachte er, als er einen Tag später ihren Schmuck sah, der mit den Sonnenstrahlen im Pool um die Wette funkelte. Etwas, an das er sich in letzter Zeit kaum erinnern konnte. Mangel beherrschte sein Leben. Mangel und riesiger Zorn, in eine solche vertrackte finanzielle Situation hineingeschliddert zu sein. Und dann schlägt sie ausgerechnet eine überflüssige Kreuzfahrt ins Blaue auf ihrer Yacht vor. Warum konnten sie nicht einfach zu einem Notar gehen und den Wisch unterschreiben? Oder sie gibt ihm ein Papier ihrer Bank, und er löst das Ding ruckzuck ein. Dann wäre er wieder flüssig. Aber nein, noch eine sinnlose Cruise zu zweit sollte es sein. Nächste Woche. Ausgerechnet über Weihnachten. Bis dahin hätten ihre Rechtsanwälte einen bindenden Vertrag aufgesetzt, wie sie sagte, und den würden sie beide dann bei Mondenschein auf der Yacht in leicht schaukelnden Wellen am Weihnachtsabend unterschreiben. Und natürlich entsprechend feiern »Nur wir beide«, gurrte sie. Dumme Gans, dachte er. Dumme Weihnachtsgans.

Sie war zu blöd zu allem, dachte er. Abgebrochenes Studium, keine Berufsausbildung, nichts. Warum auch, wenn man Papas einziger Liebling war und ein paar MRD als Erbschaft – wie er es nannte – auf sie warteten? Ausgesorgt für immer. Verwöhntes Luder, dachte er gehässig, als er über den Steg auf die blaue Yacht kletterte. Na ja, nur noch zwei Tage, dann würde er seine Stahlklitsche retten können. Oder sich selbst. Und er würde noch etwas mehr von ihr nehmen, und mit dem Geld würde er vielleicht noch ein paar Tonnen Rohstoffe kaufen. Allerdings Zucker und Mais, die zogen auf dem Weltmarkt an. Er war ein Glücksritter, und er wusste, wo das Glück auf ihn wartete. Hier und jetzt.

Sie hatte ihre Zeit gut genutzt und in der Woche Erkundigungen über ihn eingezogen. Erkundigungen bei den besten Anwälten von Zürich, die Geld kosteten, aber dieses durchaus wert waren. So wie er es nicht wert war. Denn jetzt wusste sie, dass er bankrott war. Total. Und sie wusste, dass er nur ihr Geld wollte, wie alle anderen auch. Das war nichts Neues. Da war er nicht alleine. Doch welchen Plan er hatte, das wollte sie auf dieser Reise sehen. Und wie weit er dafür gehen würde. Ihr Leben hatte mal einen kleinen Adrenalinschub nötig.

Aimee war nicht immer so berechnend. Im Gegenteil. Sie war mal ein richtig aufgewecktes, liebes Kind gewesen. Verwöhnt und beschützt spielte sie mit ihren beiden Zwergkaninchen Sugar und Honey, als andere Mädchen sich schon für Jungs interessierten. Sie baute ihnen kleine Ausläufe für die Wiesen, pflückte den besten Löwenzahn für ihre Lieblinge, und abends durfte Sugar, das dickste Kaninchen, auf seinem eigenen Kissen in ihrem Bett schlafen. Jungsgeschichten waren nichts für sie. Nicht irgendjemanden wollte sie, sondern einen Märchenprinzen. Einer, der alles auf einmal war. Ein Ritter und ein Fels in der Brandung. So einen wünschte sie sich. Und auch als der Psychologe ihr mit neunzehn Jahren einen kräftigen Cinderella-Komplex attestierte, gab sie nicht auf. Einen echten Froschkönig und sonst keinen. Dann traf sie ihren Mann, und sie wusste gleich, der ist Mr. Right. Er sah gut aus, benahm sich und liebte auch Sugar, das inzwischen alte, aber immer noch dicke Kaninchen. Allerdings entpuppte er sich schon bald als warziger Frosch und weniger als König. Er hatte nur seine Geschäfte im Sinn, reiste viel und hatte für Aimee keine Zeit. Und Aimee verbitterte im Laufe der Jahre, wurde rachsüchtig. Ihr kindliches, freundliches Wesen verwandelte sich in trotzige, berechnende Charakterzüge. Wenn man sie fragen würde, woher diese kamen, dann würde sie antworten: durch meinen Mann.

Aber Aimee wollte wieder die werden, die sie als Kind war. Die Scheidung war der erste Schritt. Und sie wollte im Arm eines Mannes diese wundervollen, schnulzigen Liebesfilme gucken, die sie wieder an die Liebe glauben lassen würden. Nachdenklich zog sie ihre handgeschriebene Liste mit den Lieblingsfilmen aus ihrem Nussbaum-Sekretär hervor:

Titanic	*von der immerwährenden Liebe*
Das Piano	*von der beharrlichen Liebe*
Harry und Sally	*ein Klassiker zum Lachen*
Frühstück bei Tiffanys	*ein Klassiker zum Nachdenken*

Love Story	*ein Klassiker zum Heulen*
Über den Dächern von Nizza	*ein Klassiker zum Träumen*
Casablanca	*der Klassiker*
Jenseits von Afrika	*Taschentuch-Alarm*
Die Brücken am Fluß	*Taschentuch-Alarm 2*

Sie seufzte. Heute war sie nicht in Stimmung für eine lange Filmnacht. Noch nicht. Nur einmal noch etwas aus der Vergangenheit in Ordnung bringen und ein bisschen Spaß haben. Und sich dann zurückziehen und was in Charity für Kinder machen. Einmal noch aufs Schiff und eine Fahrt ins Blaue.

Bodenlange Tischdecken, prächtige Kandelaber und rotes Korallengeschirr der besten Porzellanmanufaktur zu grünen, frischen Palmblättern hatte Aimee sich als Inszenierung für diesen Weihnachtsabend ausgesucht. Und eine klassische Menüfolge mit zwei fetten Vorspeisen, kräftigem Wildbret und viel Wein. Beim Abendessen strich der schöne Hendrik ihr galant über ihren Unterarm. Ekelig, dachte er. Ich mag sie kein bisschen.

Sie spürte seinen Ekel und schmunzelte. Ja, dachte sie. Du bist mir auch nicht angenehm. Aber das werde ich dir nicht erzählen. Und auch nicht, dass es mich getroffen hat, dass du dich im Studium einfach so aus dem Staub gemacht hast, als wäre nichts zwischen uns geschehen. Du gabst mir das Gefühl, ich würde dir nichts bedeuten, und hast dich bis vor einer Woche nie mehr gemeldet. Das habe ich nicht vergessen, diese Rechnung ist auf deinem Konto noch offen.

»Wollen wir vor dem Dessert noch ein wenig schwimmen gehen?«, sagte sie herausfordernd. »Es ist so ein wunderbarer Abend, und das Meer ist noch herrlich warm. Alfredo legt uns schon einmal die Verträge bereit.« Und Alfredo in seiner chicen blauen Uniform legte die Papiere in Sichtweite auf einen goldfarbenen Beistellwagen und den Füllfederhalter daneben, der alleine schon den Wert eines Kleinwagens hatte. Die Möhren für den Esel Hendrik waren ausgelegt.

Der schöne Hendrik entblätterte sich langsam in seiner Kabine und schaute durch das Bullauge auf das abendliche Meer, stieg in eine bereit gelegte blaue Badehose und zog den Bauch ein. Hat denn alles hier die Farben ihres Familienwappens? – dachte er wütend. Aber egal. Wenn es sein muss, dann werde ich eben auch noch steppen, singen, tanzen und was weiß ich noch alles, murrte er und sah sich im Spiegel an. Muskulös war er und sah wirklich proper aus, fand er.

Als er an Deck kam, war sie bereits im Wasser. Im Meer spiegelte sich der Sonnenuntergang, und er sah sie geschickt durch die Wellen gleiten. Sie war schon immer eine exzellente Schwimmerin und Meisterin ihres Jahrgangs. Und hätte ihr Vater damals zugelassen, dass sie an den großen Wettbewerben teilnehmen durfte – wer weiß? Dann wäre sie vielleicht eine der besten Schwimmerinnen geworden und hätte Gold bei einer Olympiade geholt. Das Zeug dazu hätte sie, sagte ihr Schwimmlehrer. Und Sport lag ihr mehr als Mathe und der ganze andere Schulkram.

»Es ist herrlich«, rief sie ihm entgegen. Ihm war kalt, er fröstelte. Das salzige Wasser brannte an seinen empfindlichsten Stellen. Was Mann nicht alles auf sich nahm. Er steuerte gegen die Wellen an, Strömungen zogen an ihm, und manche Wellen spritzten ihm ihre weißen Schaumkronen ins Gesicht. Er dachte über seine Stahlschmelze nach. Als er sich im Schwimmen umdrehte, sah er, dass sie wieder an Deck saß und die Yacht ein ganzes Stück weit von ihm weggedriftet war.

Er schwamm zurück.

Als die Strickleiter an der Bordwand zum Greifen nah war, fuhr die Yacht an und kam einige Meter weiter hinten auf den Wellen wieder zum Stehen. Sie lachte und winkte ihm zu. Er schwamm wieder zur Yacht. Gar nicht witzig, dachte er. Als er ankam, startete sie erneut, fuhr mehrere Meter und blieb stehen, bis sich die weißen Gischtberge aufgelöst hatten.

»Was soll das?«, rief er.

»Ein Spaß«, rief sie.

Also schwamm er wieder auf sie zu.

Erneut nahm die Yacht kräftig an Fahrt auf, als er in Reichweite der rettenden Leiter war. Seine Beine wurden langsam lahm. Das Abendessen mit den zwei Vorspeisen lag ihm schwer im Magen, und er war völlig untrainiert. Er sah sich Hilfe suchend um. Doch kein Schiff, kein Licht, einfach nichts war zu sehen an diesem Weihnachtsabend. Alles war friedlich auf See. Die feiern alle mit ihren Freunden und warmem Punsch genüsslich im Hafen, und ich schwimm hier rum, dachte er. Etwas streifte sein Bein. Er zuckte zusammen. Hier gab es Haie. Manchmal. Zumindest in diesem Jahr wurden welche gesichtet.

Sie winkte ihm zu. »Na, was ist?«, rief sie herausfordernd, »ich warte.«

Er schwamm weiter. Sein linkes Bein verkrampfte sich, doch er hielt sich über Wasser.

Als er am Schiff ankam, war die Leiter eingeholt. Er griff nach der Bordwand, doch sie war glitschig nass. Er rutschte ab. Die Schiffsschraube setzte sich abermals in Bewegung, und er musste aufpassen, nicht von ihr getroffen zu werden. Das hier war kein Spaß mehr. Er kämpfte um sein Überleben.

»Was soll das? Verdammt!«, rief er wieder. »Das ist nicht mehr lustig.«

»Das war es nie«, sagte sie. »Mit dir war es nie lustig, Hendrik. Nieeeeee.«

Er bemerkte die Veränderung in ihrer Stimme. Was war da los?

»Erinnerst du dich noch an die kleine Lucy?«, rief sie.

»An wen?«

»An das kleine Mädchen, das bei dem Bootsausflug zu deinem Geburtstag vor einigen Jahren ertrank?« Er erinnerte sich nicht.

»Sie kam mit den zahlreichen Gästen an Bord und gehörte zu niemandem. Und als sie ertrank, vermisste sie niemand. Sie war einfach verschwunden und tauchte ein par Tage später bäuchlings im Wasser wieder auf.«

»Ja, ich erinnere mich«, sagte er schnell, auch wenn ihm nichts dazu einfiel. Was sollte das jetzt wieder. Wer war Lucy?

»Es stand damals in allen Zeitungen. Wie es sein konnte, dass ein Kind bei einem nächtlichen Schiffsausflug einfach so ertrinkt und niemand es bemerkt.«

Wasser lief in seinen Mund, er paddelte weiter. Er könnte sich noch stundenlang über Wasser halten, dachte er. Stundenlang, wenn es sein müsste, bis zum nächsten Morgen.

»Du hast damals gesagt, dass dir das egal sei. Wenn ein Mensch ertrinkt, dann ist das eben so. Wenn ihn niemand vermisst, dann ist er auch nicht von Bedeutung. Dann ist er ein Niemand. Dann gehört er nicht zu einer Familie, dann ist er nichts wert.«

»So habe ich das sicher nicht gesagt«, blubberte er.

»Doch, das hast du. Ich weiß es genau. Und ich finde, du hast recht. Nicht, was die kleine Lucy betrifft. Aber dich. Dich wird niemand vermissen, du bist nicht von Bedeutung. Du gehörst zu keiner Familie, weil du deine längst verlassen hast. Niemand wird dich suchen. Du bist ein Glücksritter und hast diesmal auf das falsche Pferd gesetzt.« Sie gab Alfredo ein Zeichen, der die Yacht ein letztes Mal in Gang setzte und davonfuhr.

Im Hafen warteten bereits Aimees Freunde und Bekannte in einem Fischrestaurant mit kleinem Hotel.

Auf der Terrasse leuchtete ein pinkfarbener Weihnachtsbaum, und jeder Cocktail an der Bar wurde mit einem Glasweihnachtsmann dekoriert. Und tatsächlich gab es einen Weihnachtspunsch mit Rum, und zu vorgerückter Stunde sogar noch eine Bescherung in lauer Sternennacht. Für Aimee etwas, das in eine kleine, bezaubernde Schachtel mit großer rosa Schleife passte. Und sie kuschelte sich an Alfredo, der seine blaue Uniform abgelegt hatte und in seinem Smoking einfach umwerfend aussah. Er hatte nur Augen für sie. Und sie nur für ihn. Die Gäste zwinkerten sich verständnisvoll zu. Was feiern wir hier eigentlich? Ganz klar, das Fest der Liebe.

Aimee hatte viel nachgedacht. Zeit dazu hatte sie. Und eine Frage, die sie durch Zufall irgendwo aufgeschnappt hatte, beschäftigte sie am meisten. Die Frage stammte ausgerechnet von Albert Einstein: Ist das Universum ein freundlicher Ort? Aimee hatte Tage für eine Antwort gebraucht. Eigentlich Wochen. Und dann hatte sie ihre Antwort gefunden. Ja, das Universum war ein freundlicher Ort, wenn man alles Unfreundliche abschaffen könnte. Und daraufhin hatte sie ein weiteres Jahr an ihrer eigenen Philosophie gearbeitet. Soweit sie das Universum freundlicher machen könnte, wollte sie das tun. Das Geld ihrer Erbschaften würde sie in Stiftungen einbringen für Kinder wie die kleine Lucy, die in dieser Welt Halt und Unterstützung brauchten, um nicht unterzugehen. Gute Verwalter würde sie für ihr Vermögen einstellen. Ordentliche Kerle und keine Glücksritter wie den schönen Hendrik. Und das, was in ihrem eigenen Leben noch an Unfreundlichem aus der Vergangenheit herumgeisterte, das würde sie vertreiben. Schlichtweg. Und dann ein besseres, freundlicheres, unbeschwertes neues Leben beginnen. Weihnachten war dafür ein guter Anfang.

Weit draußen irgendwo in der Unendlichkeit des Meeres schwamm eine einsame Gestalt. Über ihr leuchteten die Sterne klar und still. Für die Gerechten und die Bösen gleichermaßen, dachte er bitter. Die Naturgesetze gelten für jeden. Und er überlegte, ob er seine Kräfte schonen könnte, wenn er sich auf den Rücken legen und im Salzwasser treiben lassen würde. Das soll ein Naturgesetz sein, das ihm jetzt helfen könnte, hatte er mal gehört. Doch das Wasser war kälter als gedacht. Und das kostete ihn Kraft. Lebenskraft.

Drei Tage nach Weihnachten wurde ein männlicher Schwimmer in einer blauen Badehose an den südlichen Sandstrand der traumhaften Inselkette im Pazifik geschwemmt. Der schöne Hendrik sah gar nicht mehr so gut aus. Aber eines stimmte. Er wurde weder vermisst, noch schrieben die Zeitungen etwas über seinen Tod. Ja, hätten die Journalisten eine Verbindung zur blauen Yacht von Aimee gesehen, die im Heimathafen ankerte, dann wäre es eine grandiose Geschichte geworden. Aber er allein war nicht von Bedeutung. Und die Journalisten wussten nichts von der weihnachtlichen Fahrt ins Blaue. Von ihm würden sie es auch nie mehr erfahren.

Autoren- und Quellenverzeichnis

Hanna Dietz, geboren 1969 in Bonn, studierte an der Deutschen Sporthochschule Köln. Seit 1993 arbeitet sie als freie Journalistin für Fernsehen und Hörfunk, hauptsächlich für den WDR, wo sie für verschiedene Redaktionen Film- und Radiobeiträge macht. Sie lebt in Bonn mit Mann und Sohn – Letzterer entstand während ihrer Arbeit an ihrem ersten Roman »Meuterei der Hormone«. Zuletzt erschien von ihr »Mein unheimlich romantischer Mann«.
Krippenspiele
Erstveröffentlichung

Michael Eichhammer, geboren 1972 in München, war nach seinem Studium der Germanistik, Kommunikationswissenschaft und Sozialpsychologie zunächst Ressortleiter bei den Magazinen FHM und Playboy und gründete dann ein eigenes Redaktionsbüro. Er schreibt unter anderem für die Frankfurter Allgemeine Zeitung und den Tagesspiegel sowie Treatments fürs Fernsehen. Nach »Toreros sind so« erschien sein Roman »Solo für Anna«. Außerdem schrieb er mit Peter Thiel das Sachbuch »Der verletzte Mann«.
Gitme, Weihnachtsmann!
Erstveröffentlichung

Katharina Gerwens, geboren 1952 in Epe/Westfalen, verbrachte ihre Kindheit auf dem Dorf. Nach ihrer Ausbildung zur Journalistin arbeitete sie in verschiedenen Verlagen und ist heute als freie Lektorin und Autorin tätig. Sie lebt mit Mann und Kater in München. Mit Herbert Schröger verfasste sie zusammen die

Niederbayern-Krimis »Stille Post in Kleinöd«, »Die Gurkenflieger von Kleinöd«, »Anpfiff in Kleinöd« und »Rufmord in Kleinöd«.
Willi der Achte
Erstveröffentlichung

Gina Greifenstein, geboren 1962, studierte Pädagogik und lebt heute als freie Autorin und Journalistin mit ihren zwei Kindern in der Pfalz. »Der Traummann auf der Bettkante« ist nach »Tod macht erfinderisch« ihr zweiter Roman.
Küsse für den Nikolaus
Erstveröffentlichung

Regine C. Henschel, studierte Philosophie, Literatur und Publizistik. Sie war TV-Redakteurin und arbeitete redaktionell an zahlreichen Fachpublikationen mit und war Referentin für Presse- und Öffentlichkeitsarbeit. Sie lebt in Berlin. Zuletzt erschien von ihr nach »Männer und andere Problemzonen« ihr zweiter Roman »Gefühlte Lage: sonnig«.
Weiteres zur Autorin unter www.Mopsfidele-Zeiten.de
Weihnachten mal ins Blaue
Erstveröffentlichung

Kim Schneyder, geboren 1967, verbrachte ihre Kindheit in Deutschland und in der Schweiz. Nach einer pharmazeutischen Ausbildung war sie unter anderem als Werbedesignerin, Werbetexterin und Eheberaterin tätig, weshalb ihr in Sachen Zweisamkeit nichts mehr fremd ist. Heute lebt sie mit ihrem Mann und ihrer kleinen Tochter in Österreich. Nach »Frauen rächen besser«, »Ich und er und null Verkehr« und »Hilfe, ich bin reich« erschien zuletzt »Im Bett mit Brad Pitt«.
Mach's noch mal, Liebling
Erstveröffentlichung

Jana Sonntag, geboren 1972 in der Nähe von Mönchengladbach, jobbte als Kellnerin, Mobiltelefon-Verkäuferin, Zimmermädchen

und Veranstaltungsmanagerin, bevor sie sich voll und ganz aufs Schreiben konzentrierte. Heute lebt sie als freie Autorin mit ihrem Mann in Hamburg. Nach dem Erfolg »Mein wunderbarer Brautsalon« erschienen zuletzt ihre Romane »Ich lieb dich, ich lieb dich nicht« und »Herzen in Seenot«. Weiteres zur Autorin: www.janasonntag.de
Stille Post
Erstveröffentlichung

Sibel Susann Teoman, geboren 1975, ist ein Multi-Kulti-Cocktail mit türkischer Mutter, deutschem Vater, tatarischer Großmutter und griechischem Großvater. Nach Studium in Deutschland und der Türkei (der Liebe wegen) arbeitete sie zuerst als Marketingassistentin im Space Camp Türkei. Nach vier Jahren Türkei überwog das Heimweh, also zog sie mit Mann nach Deutschland zurück, wo sie nun als Managementassistentin in Köln tätig ist. Nach »Der Teufel ist blond« und »Türkischer Mokka mit Schuss« erschienen zuletzt »Flitterwochen auf türkisch« und »Der Teufel sieht rot«.
Das perfekte Weihnachtsfest
Erstveröffentlichung

PIPER

Der kleine Weihnachtsbegleiter

24 Geschichten zur Adventszeit. Herausgegeben von Anne Rademacher. Mit Illustrationen von Almud Kunert. 208 Seiten. Piper Taschenbuch

Hinter den 24 Türchen dieses besonderen Weihnachtsbuches verbergen sich 24 heitere und besinnliche Geschichten und Gedichte zur Weihnachtszeit von Wilhelm Busch, Italo Calvino, Selma Lagerlöf, Janosch, Siegfried Lenz und vielen anderen. Ausgestattet mit echten Adventstürchen!

»Statt billiger Schokolade 24 hochwertige Kurzgeschichten. Die gelungene Auswahl macht den literarischen Adventskalender zum idealen Vorlesebuch für die Vorweihnachtszeit.«
Münchner Merkur

01/1837/01/R

Thommie Bayer

Die frohe Botschaft abgestaubt

Ein schräges Weihnachtsbuch.
176 Seiten. Piper Taschenbuch

Was wäre, wenn wir mit einer Zeitmaschine in die Vergangenheit reisen könnten? Namentlich über zweitausend Jahre zurück ins Galiläa des Jahres Null? Würde sich dann die These bewahrheiten, die Bibel sei heute noch gültig? Kann das wirklich stimmen? Denn dort spazieren wir durch eine staubige Gegend, erweitern unsere Hygienevorstellungen, modifizieren unsere Moralvorstellungen, beschließen, unser Handy, elektrisches Licht und fließend Wasser nicht zu vermissen – aber wir haben unseren heutigen Kopf, unser heutiges Herz und unseren heutigen Lebensstil dorthin mitgenommen ... Lassen Sie sich überraschen von einem ungewöhnlichen Experiment!

»Thommie Bayer hat dem antiquierten Bestseller eine Frischzellenkur erster Güte verpasst.«
Blickpunkt

05/2377/01/L

Weihnachtskätzchen Die schönsten Geschichten zum Fest

Herausgegeben von Jone Heer.
224 Seiten. Piper Taschenbuch

Wie schläft es sich wohl in der Nacht vor Weihnachten als Mensch im Feliday Inn? Und wird der geliebte Stubentiger dieses Jahr Ihren Geschmack bei der Auswahl des Weihnachtsgeschenks treffen? Berühmte Autorinnen und Autoren von Ruth Rendell und Robert Gernhardt bis zu Ian McEwan schreiben über winterliche Samtpfoten und Stubentiger.

»Ideal für Katzenfreunde, weil die geliebten Samtpfoten in jeder der rührenden Geschichten die Hauptrolle spielen.«
Laura

05/2379/01/R